北大版留学生预科汉语教材·读写教程系列

初级

刘立新 编著

阅读与写作教程 II

Elementary Chinese
Reading and Writing
Course

北京大学出版社
PEKING UNIVERSITY PRESS

图书在版编目(CIP)数据

初级汉语阅读与写作教程Ⅱ/刘立新编著. —北京：北京大学出版社，2007.10
(北大版留学生预科汉语教材·读写教程系列)
ISBN 978-7-301-12713-1

Ⅰ.初… Ⅱ.刘… Ⅲ.①汉语-阅读教学-对外汉语教学-教材 ②汉语-写作-对外汉语教学-教材 Ⅳ.H195.4

中国版本图书馆 CIP 数据核字(2007)第 137400 号

书　　　名：	初级汉语阅读与写作教程Ⅱ
著作责任者：	刘立新　编著
英 文 翻 译：	邓波儿
责 任 编 辑：	吕幼筠
标 准 书 号：	ISBN 978-7-301-12713-1/H·1833
出 版 发 行：	北京大学出版社
地　　　址：	北京市海淀区成府路 205 号　100871
网　　　址：	http://www.pup.cn
电　　　话：	邮购部 62752015　发行部 62750672　编辑部 62752028　出版部 62754962
电 子 邮 箱：	lvyoujun99@yahoo.com.cn
印 刷 者：	北京大学印刷厂
经 销 者：	新华书店
	787 毫米×1092 毫米　16 开本　14.25 印张　365 千字
	2007 年 10 月第 1 版　2019 年 8 月第 5 次印刷
定　　　价：	36.00 元

未经许可，不得以任何方式复制或抄袭本书之部分或全部内容。
版权所有，侵权必究　举报电话：010-62752024
电子邮箱：fd@pup.pku.edu.cn

序

  随着对外汉语教学理论的探讨步步深入，对外汉语教学实践的内容不断丰富，人们对四项技能的认识发生了很大改变。20世纪60年代的"听说领先"为"四项技能全面要求,不可偏废"所取代,80年代,课程分技能设课,教材也分技能编写。然而听说读写四项技能训练的效果和水平在外国留学生中是不平衡的,这主要取决于学生的选择。一般说来,学生投入精力大的是听和说,对读和写较为轻视。这种情况导致入本科学习专业的留学生深感阅读和写作能力达不到学习专业的要求,和同班学习的中国学生有着很大差距。不仅阅读专业参考书有困难,完成作业、小论文甚至写读书报告都要请中国同学帮助。于是,在专业学习的同时,不得不继续补习汉语,尤其是阅读和写作两门课。

  在这种情况下。北京大学对外汉语教育学院预科教研室的几位教师在总结预科教学经验的基础上,吸收国内外阅读和写作研究的新成果,精心设计、科学安排,编写出了一套初中高系列《汉语阅读与写作教程》。这套教材有如下几个特点：

1. 选材新

  阅读材料"为学习者提供极具吸引力和典型性的语言范本",可读性强,涵盖面广,适用范围大。

2. 训练方式新

  针对不同层次的学习者采取不同的训练方式。初级阅读技巧训练侧重在字、词、句和语段切分,写作技巧训练侧重应用文、书信、记叙文等的基本训练。中级阅读技巧训练项目有抓中心意思、猜词方法、时间顺序、重复阅读、作者意图等,写作技巧训练完全配合阅读技巧训练,议论文配合抓中心意思,记叙文配合时间顺序等,把阅读训练与写作指导紧密结合起来。全套教程的阅读训练设置了"合作学习"、"相关链接"、"学习收获"等项目,写作训练采取示范、样式模板、要点讲解等行之有效的手段。

3. 目标明确

  这套系列教程分三个层次,每个层次的重点不同。初级本注重习惯培养,中级本注重知识积累,高级本侧重专业学术性。教学要求则是与HSK密切结合,学完初级 2 册达到 5 级水平,学完中级 2 册达到 7 级水平,学完高级 2 册达到 HSK 高级水平。

  参与编写这套教材的刘立新、张园和赵昀晖都是有着十年以上对外汉语教学经验的教师,他们不仅专业功底扎实,而且谙熟教学技巧,编写过多部对外汉语教材,积累了丰富的编写经验。这套系列教程融注了她们多年的心血和积累,我确信这是一套独具特色、实用高效的好教材。

郭振华
2006 年 7 月

前 言

《汉语阅读与写作教程》系2005—2006年北京大学主干基础课立项教材。全套书共有初级、中级、高级三个系列,每个系列分Ⅰ、Ⅱ两册。

初级本的使用对象是具有一定汉语基础、掌握了800—1000汉语词汇、汉语水平相当于HSK3—4级的留学生。本书注重阅读与写作的有机结合,培养学习者的基本阅读技能和写作技能。无论是阅读部分还是写作部分的安排和设计,均以国内外汉语教学界先进理论成果为指导,尽量组成一个严密完整的汉语阅读写作训练体系。学完本阶段教材应达到中级初始水平。

基本结构

每册共12课和2个复习课,各课包含两篇阅读和一篇写作,因而可以延伸为26篇阅读和12篇写作内容。主课文既是阅读材料,同时也可作为写作范例或参考材料。复习课可用于复习、测试或补充学习。

各课结构为:学习目的(包括内容提示、阅读技巧、写作要求)——热身问题——阅读材料(包括阅读提示)——个人理解——阅读理解——重点词语——词汇练习——合作学习——写作练习(包括写作模板和要求)——相关链接。

关于阅读

材料来源:均选自具有代表性和权威性的报纸杂志或网站,具有趣味性、广泛性、新鲜感和时代感,尽量为学习者提供具有吸引力和典型性的语言范本。

阅读量:Ⅰ册200—400字/篇,Ⅱ册400—600字/篇。

对阅读速度的要求:Ⅰ册90—100字/分钟,Ⅱ册100—110字/分钟。

阅读技巧:Ⅰ册偏重词句的分析,包括字形分析、词的划分、基本构词方法、词组与短语类型分析、意群划分、寻找句子的主要成分、简化句子、标牌阅读、寻找关键词语等。Ⅱ册逐步向段落及语篇分析过渡,包括寻找关键词句、寻找关联词语、猜词方法、根据上下文推测意思、缩略阅读法等等。

关于写作

Ⅰ册包括文章基本格式、标点符号的使用、便条的写法、记叙文的三段式叙述、简单场景描写、按照时间顺序进行叙述、文章的修改符号、书信格式、文章开头的艺术等等。Ⅱ册包括记叙文、简单议论文的进一步训练以及简单的启事和说明文的写作等等。

所有的写作练习都是以其中一个阅读材料或者阅读材料中的部分内容为范本,对某一技能进行训练。学生可利用阅读材料或写作模板进行模仿写作,从而掌握最基本的汉语写作方法,并逐步向中级过渡。

关于练习

包括阅读理解、词汇练习、合作学习和写作练习几个部分。

前边所述的阅读和写作各项技能,全部融入练习之中,使学生在做练习的过程中自然养成一种阅读习惯,掌握一些基本的写作方法。重点词语练习则是针对实用性较强的词语进行有效的训练,目的在于增加学生的词汇量,为提升其阅读写作能力做铺垫。

许多练习借鉴了 HSK 阅读理解试题的形式,对参加 HSK 考试的学生也有一定的帮助。书后附有部分练习答案,可供自学者参考。

另外,在每课最后附有"相关链接",有的是与本课内容相关的补充材料,有的是与阅读或写作技巧有关的常识,有的则提供一个扩展学习的途径,目的在于培养学生学习的主动性和良好的学习习惯,使阅读与写作成为一个开放性的学习过程。

需要特别强调的是,本套教材设计均采用自上而下—自下而上的方式,从泛读到精读,从全文到词汇,不鼓励学生使用字典,因而阅读练习在先,词表与词汇练习在后。这也是本书的特色,请教师和学生在使用时加以注意。

本书在教学中经过一个学期的试用,多次修改成形,但是一定仍有值得探讨之处,敬请同行们批评指导。

最后,我们要感谢北大出版社编辑吕幼筠女士对本教材倾注的心血,尤其要感谢北大对外汉语教育学院王若江老师对本套教材的指导和关注,感谢张园老师的基础构想和精心设计,感谢构思香女士的精美插图,更要感谢本书所选阅读材料的作者们对我们的支持。由于客观条件的限制,很多作者未能联系上,在此表示深深的歉意,请有关作者看到此书后及时与编者取得联系,联系方式是:lixinliu@pku.edu.cn。

编　者
2006 年 9 月 1 日

目 录

第 一 课　生活经历 ……………………………………………… 1
　　阅读一　火车票(上) ……………………………………… 1
　　阅读二　火车票(下) ……………………………………… 7

第 二 课　情绪管理 ……………………………………………… 15
　　阅读一　钉子 ……………………………………………… 15
　　阅读二　连锁反应 ………………………………………… 21

第 三 课　城市病 ………………………………………………… 29
　　阅读一　没空相处 ………………………………………… 29
　　阅读二　城市里的颠倒事 ………………………………… 35

第 四 课　小故事,大道理 ……………………………………… 42
　　阅读一　两家小店 ………………………………………… 42
　　阅读二　火车拐弯处 ……………………………………… 48

第 五 课　至爱亲情 ……………………………………………… 55
　　阅读一　父爱无边 ………………………………………… 55
　　阅读二　听父亲讲故事 …………………………………… 61

第 六 课　幸福专题 ……………………………………………… 69
　　阅读一　简单的道理 ……………………………………… 69
　　阅读二　幸福是什么 ……………………………………… 75

综合练习(一) …………………………………………………… 82

第 七 课　读书时间 ……………………………………………… 90
　　阅读一　《父与子》 ………………………………………… 90
　　阅读二　每天读十五分钟 ………………………………… 97

第 八 课	启事	106
	阅读一　寻物启事与招领启事	106
	阅读二　招聘启事	114

第 九 课	提示与告示	123
	阅读一　提示	123
	阅读二　告示	130

第 十 课	小调查	138
	阅读一　调查:除夕夜如何过？（上）	138
	阅读二　调查:除夕夜如何过？（下）	144

第十一课	健康话题	154
	阅读一　午睡，健康的加油站	154
	阅读二　五大"生活方式病"	160

第十二课	城市景观	168
	阅读一　天安门广场	168
	阅读二　天坛	175

综合练习（二） 184

部分练习参考答案 192

词汇总表 205

附:《初级阅读与写作教程》整体框架表 216

第一课 生活经历

学习目的

1. 内容提示：一段难忘的经历
2. 阅读技巧：依照时间线索进行阅读,掌握叙述类文章中的关联词语
3. 写作要求：
   (1) 记叙文的六要素：时间、地点、人物、起因、经过、结果
   (2) 心理活动描写

热身问题

1. 你的假期过得怎样？
2. 你喜欢坐火车去旅行吗？在哪里可以买到火车票？

阅读 一

火车票(上)

提示：注意叙述线索,注意关联词语

字数：636 字

时间：6 分钟

暑假开始了,我和朋友们都十分兴奋,商量着如何开心地度过在中国的第一个暑假。讨论了半天,最后我们决定去上海旅行。我

的任务是买火车票。这是我自己选的,因为我觉得很容易完成。

北京市内有很多火车票代售点,我随便找了一家去问:"有8号去上海的火车票吗?"售票员说:"没有了。""那9号的呢?""明天才开始卖呢。"我去了好几个地方,都是一样的回答。白跑了几次后,我只好回去。真没想到火车票这么难买。

第二天早上7点半,我又去了售票处。但是一到那里,我就愣住了:买火车票的人这么多!我不知道哪儿是队尾。排了半天,终于见到了售票窗口里小姐微笑的脸。我问:"9号去上海的火车票,有吗?"她说:"没有了,卖完了。"

第三天,我5点钟就去售票处排队,准备买10号的火车票,没想到人也那么多,好不容易才排到我。我问:"有吗?""没有了。"我差点儿哭了。原来,这段时间是旅游高峰期,去上海的票非常紧张。"难道我们去不成上海了吗?怎么办?怎么办啊?"我着急地叫起来。售票小姐同情地看着我,说:"有去苏州的车票,你买不买?可以先到苏州,再去上海。"我无可奈何地回答:"那好吧,我买。"唉,都说"上有天堂,下有苏杭",看来我们得先去"天堂",然后才能去上海。

不管怎样,票总算是买到了。我立刻给朋友们打电话,得意地说:"我买到了10号的火车票!你们好好准备吧!"那天天气特别热,骑车回到宿舍时,我的衣服都被汗浸湿了。我洗了个热水澡,然后打开洗衣机,把脏衣服全都洗了。中午,我美美地睡了一个午觉,然后开始期待我们的旅行。

第 一 课 生活经历

个人理解

1. 文章可以分为几个部分？
2. 你对文章中的哪个句子印象深刻？

阅读理解

一 找出课文中表示时间线索的语句

二 根据文章内容判断正误
 □ 1. "我们"一下子就决定去上海。
 □ 2. "我"选择了买火车票的任务,因为"我"住的地方离售票处很近。
 □ 3. "我"买到了 10 号去苏州的火车票。
 □ 4. "我"无可奈何地给朋友打电话,因为"我"没有买到去上海的火车票。
 □ 5. "我"买火车票的那天天气很热。
 □ 6. "我"的洗衣机坏了,所以只好自己洗衣服。

三 根据文章内容回答问题
 1. "我"为什么选择买火车票的任务？
 2. 那段时间为什么去上海的火车票那么难买？
 3. 第二天,"我"为什么愣住了？
 4. 第三天,"我"为什么差点儿哭了？
 5. 售票小姐给"我"出了什么主意？
 6. 买到火车票以后,"我"做了什么？

四 解释"上有天堂,下有苏杭"的意思,并说出两个类似的句子。

 重点词语

1. 票	（名）	piào	ticket
2. 暑假	（名）	shǔjià	summer vacation (holidays); summer break
3. 兴奋	（形）	xīngfèn	excited
4. 如何	（代）	rúhé	how
5. 度过	（动）	dùguò	to pass; spend (time, etc.)
6. 任务	（名）	rènwu	task; duty
7. 代售	（动）	dàishòu	to act as a commission agent
8. 点	（名）	diǎn	place
9. 愣	（动）	lèng	to look distracted; stare blankly
10. 尾	（名）	wěi	end
11. 排队	（动）	páiduì	to queue up; line up
12. 微笑	（动）	wēixiào	smile
13. 好不容易		hǎoburóngyì	very difficult; after all the trouble
14. 高峰期	（名）	gāofēngqī	the rush period
15. 紧张	（形）	jǐnzhāng	in short supply
16. 同情	（形）	tóngqíng	to commiserate with; to sympathize with
17. 无可奈何		wúkěnàihé	have no alternative; have no choice
18. 得意	（形）	déyì	pleased with oneself; proud of oneself
19. 浸湿		jìnshī	be soaked with (sweat)
20. 期待	（动）	qīdài	to expect; look forward to

 词汇练习

一 选词填空

（一）任务　代售点　暑假　高峰　尾

1. 我们的(　　)从 7 月初开始。

2. 今天是周末,你的(　　　)就是休息,不要再想工作的事。
3. 附近有三个机票(　　　),你可以很方便地预订机票。
4. 请问哪里是队(　　　)?
5. 现在是上下班(　　　)时间,到处都堵车,你不如等一会儿再走。

(二) 好不容易　兴奋　如何　无可奈何　紧张　白　得意

1. 听说暑假学校要组织去西藏旅行,大家都非常(　　　)。
2. 这场演唱会的票很(　　　),你得早点儿去买。
3. 孩子(　　　)地对妈妈说:"我现在在我们班个子最高!"
4. 他的手机一直占线,我(　　　)才给他打通。
5. 小王不在家,我(　　　)跑了一趟。
6. 看见她哭了,他不知(　　　)是好。
7. 他一定要我同意,左说右说,我只好(　　　)地点点头。

(三) 期待　微笑　度过　排队　浸湿　愣　同情

1. 还(　　　)着干什么?快给客人倒茶啊!
2. 公共汽车站上,很多人在(　　　)等车。
3. 我(　　　)了一个非常开心的周末。
4. 我喜欢她(　　　)的样子,更喜欢她温柔的性格。
5. 他心爱的小狗病死了,我很(　　　)他,所以又送给他一只小狗。
6. 他因伤痛疼出了一身汗,把衬衫都(　　　)了。
7. 我(　　　)着毕业典礼的到来。

二　比较下列句子中加点词语的意思

(一)
1. 最近去上海的火车票很紧张。
2. 一考试我就紧张。
3. 最近我手头有点儿紧张,你可以不可以先向别人借钱?
4. 最近两国关系有些紧张。
5. 教室里的气氛有点儿紧张,出了什么事情?

(二)
1. 我好不容易才买到音乐会的票。
2. 我好容易才买到音乐会的票。

3. 我好不容易找到了一个售票点。
4. 我好容易找到了一个售票点。
5. 我昨晚开了夜车,今天好不容易才从床上爬起来。
6. 我昨晚开了夜车,今天好容易才从床上爬起来。

三 选择适当的词语完成句子(注意画线词语的意思)

1. 我期待着暑假快点儿到来,因为我(想/不想)去云南旅行。
2. 我很同情她,所以(给了/没有给)她十元钱。
3. 老师同意了我们的请求,(没有/一直)反对。
4. 他无可奈何地看着我,(不高兴/很高兴)的样子。
5. 听到这个消息,他很兴奋,一下子(站了起来/坐了下去)。

分组表演阅读一的内容
要求:
人物:"我"、"我"的朋友、售票员、排队买票的人
分五个部分:
  1. 选任务
  2. "我"第一次去车票代售点
  3. "我"第二次去车票代售点
  4. "我"第三次去车票代售点
  5. "我"买到票以后

热身问题

根据文章题目和前面文章的内容,猜猜后来发生了什么事?

阅读 二

火车票(下)

提示:注意描写心理活动的词句

字数:538 字

时间:5 分钟

  中午睡醒觉以后,我开始准备旅行用的物品。可是,火车票却怎么也找不到了。

  我把屋子翻了个遍,连票的影子也没有!当我气急败坏地走到洗衣机旁时,大惊失色:"哎呀!"我赶紧取下挂在阳台上的衣服。等我把衣兜里的东西掏出来一看,我快要哭了:火车票变成了粉红色的小球!我傻站了几分钟,不知道如何是好。等我反应过来,连忙拿着火车票奔向离宿舍最近的售票点。卖票的人说:"哎呀!这是什么?火车票吗?怎么了?洗了吗?如果不能恢复原样就惨了。你先试试,等干了呢,也许还可以看清车次和座位号,那就可以上车,但是我也不敢保证啊。"

  我无可奈何地走回宿舍,那时我真怕朋友们骂我,所以不敢对他们说。我一边抱怨自己,一边摆弄着火车票。火车票的状态居然很好,等渐渐干了以后,还可以隐隐约约看到火车的车次、目的地和座位号。我突然觉得有了希望。这给了我勇气,我马上给朋友们

打电话。我以为朋友们听到这件事以后会骂我或者嘲笑我,但是他们却都安慰起我来,我的心里暖暖的。

那一天终于到来了。我一看到火车,心里就极度紧张起来。当我把车票递给乘务员时,我的呼吸都要停止了。他接过车票,看了一眼,又看看我:"哎呀,洗了吧?哈哈,你们是学生吧!……上车吧!"此时此刻,我心中所有的忧愁一下子都飞走了!谢谢朋友们,谢谢乘务员!我终于可以彻底放心地去旅行了!

(据北京大学对外汉语教育学院韩国留学生吴赫同名作文)

个人理解

1. 你对文章中出现的各种人物有什么印象?
2. 你觉得"我"是个什么样的人?

阅读理解

一 根据课文内容选择正确答案

1. "我"发现火车票不见了的时候是在:
   a. 洗澡以前　　　　b. 洗衣服之前
   c. 睡午觉以后　　　d. 出发去旅行的那天

2. 火车票最后是在哪里找到的?
   a. 洗过的衣服里　b. 洗衣机里　c. 宿舍的床上　d. 钱包里

3. 发现火车票有问题后"我"先去了哪里？
   a. 火车站　　　b. 朋友家　　　c. 车票代售点　　d. 学校

4. 朋友们知道情况后，都：
   a. 笑话"我"　　b. 安慰"我"　　c. 埋怨"我"　　d. 不和"我"说话

5. 当"我"把票递给乘务员的时候，"我"：
   a. 怕被他骂　　b. 怕被他嘲笑　　c. 非常紧张　　d. 很得意

二　画出课文中表现"我"的心理活动的句子

三　解释画线部分的意思
   1. 我把屋子翻了个遍，<u>连票的影子也没有</u>！
   2. 我傻站了几分钟，<u>不知道如何是好</u>。
   3. 当我把车票递给乘务员时，我的<u>呼吸都要停止了</u>。
   4. 我心中<u>所有的忧愁一下子都飞走了</u>！

重点词语

1. 醒	（动）	xǐng	to wake up	
2. 物品	（名）	wùpǐn	article; goods	
3. 翻	（动）	fān	to search; to rummage	
4. 气急败坏		qìjíbàihuài	flustered and exasperated	
5. 大惊失色		dàjīngshīsè	frightened out of one's wits; panic stricken	
6. 赶紧	（副）	gǎnjǐn	hurriedly; speedily	
7. 阳台	（名）	yángtái	balcony	
8. 兜	（名）	dōu	pocket	
9. 掏	（动）	tāo	to pull out; take out with the hand	
10. 傻	（形）	shǎ	wooden; be dumbstruck	
11. 反应	（动）	fǎnyìng	to wake up to reality	
12. 奔	（动）	bèn	to go straight towards	

13. 恢复	（动）	huīfù	to resume; renew
14. 惨	（形）	cǎn	to a serious degree; disastrous
15. 车次	（名）	chēcì	train number
16. 保证	（动）	bǎozhèng	to assure; ensure
17. 抱怨	（动）	bàoyuàn	to complain; grumble
18. 摆弄	（动）	bǎinòng	to move back and forth; fiddle with
19. 状态	（名）	zhuàngtài	state; condition
20. 渐渐	（副）	jiànjiàn	gradually; little by little
21. 隐隐约约		yǐnyǐnyuēyuē	indistinct; faint
22. 目的地	（名）	mùdìdì	destination
23. 勇气	（名）	yǒngqì	courage
24. 嘲笑	（动）	cháoxiào	to jeer at; laugh at
25. 安慰	（动）	ānwèi	to comfort; console
26. 极度	（副）	jídù	extremely; exceeding
27. 递	（动）	dì	to give or pass with the hands
28. 乘务员	（名）	chéngwùyuán	attendant on a train
29. 呼吸	（名）	hūxī	breathe
30. 忧愁	（形）	yōuchóu	worried; sadness
31. 彻底	（形）	chèdǐ	thorough; complete

词汇练习

一 选词填空

（一）摆弄　保证　安慰　反应　恢复　奔
　　　掏　醒　翻　递　抱怨　嘲笑

1. 旅行太累了，我们早上都很晚才（　　　）。
2. 我在钱包里（　　　）了半天，也没有找到我的身份证。
3. 当大家一起对我说"生日快乐"时，我一下子没有（　　　）过来。
4. 跑过终点时，朋友（　　　）给我一条毛巾，让我擦擦汗。
5. 孩子放学后，一进家门就（　　　）向母亲。
6. 医生，我的腿伤还能（　　　）吗？
7. 爱（　　　）的人总是为自己找理由。
8. 姐姐总是喜欢（　　　）衣服上的扣子。

9. 你先向他道歉,我(　　　)他会原谅你。
10. 不要随便(　　　)别人。
11. 边塞上的老人丢了马,邻居们都来(　　　)他。
12. 他从钱包里(　　　)出二百块钱。

(二) 赶紧　目的地　极度　彻底　状态
　　　忧愁　呼吸　惨　傻　渐渐　勇气

1. 手术后,他的身体(　　　)虚弱。
2. 请将手机调至静音(　　　)。
3. 开了十个小时汽车,我们终于到达了(　　　)。
4. 我知道我错了,可是没有(　　　)向她道歉。
5. 不要再提了,我已经把这件事(　　　)忘掉了。
6. 紧张的时候你可以深(　　　)。
7. 她是个内向的人,总是把快乐和(　　　)都藏在心底,不愿向别人说。
8. 我真(　　　),怎么把皮包放在汽车座位上呢?
9. 打篮球的时候如果眼镜被碰掉了,那可就(　　　)了。
10. 听说弟弟病了,我(　　　)请假去看他。
11. 天(　　　)黑了,路上的行人也越来越少了。

二　解释下列词语,并分别用它们写一句话

1. 气急败坏:＿＿＿＿＿＿＿＿＿＿＿＿＿
＿＿＿＿＿＿＿＿＿＿＿＿＿＿＿＿＿＿＿

2. 大惊失色:＿＿＿＿＿＿＿＿＿＿＿＿＿
＿＿＿＿＿＿＿＿＿＿＿＿＿＿＿＿＿＿＿

3. 无可奈何:＿＿＿＿＿＿＿＿＿＿＿＿＿
＿＿＿＿＿＿＿＿＿＿＿＿＿＿＿＿＿＿＿

4. 隐隐约约:＿＿＿＿＿＿＿＿＿＿＿＿＿
＿＿＿＿＿＿＿＿＿＿＿＿＿＿＿＿＿＿＿

5. 此时此刻:＿＿＿＿＿＿＿＿＿＿＿＿＿
＿＿＿＿＿＿＿＿＿＿＿＿＿＿＿＿＿＿＿

三　选择恰当的词语完成句子

1. 两位老人(慢慢 / 渐渐)地走了过来。
2. 这是一个(傻 / 笨)办法,我们不能用。

3. 等老人(反应／反映)过来，小偷已经跑远了。
4. 上下班高峰时间，堵车的(状态／状况)非常严重。
5. 他是一个非常(勇气／勇敢)的人。
6. 屋子里(摆放／摆弄)着很多鲜花。
7. 旅行用的(物品／商品)都准备好了吗？

分组表演阅读二的内容(要求同阅读一)

一 片断练习

填写句子的前半部分,尽量多写,注意这样的表达方法

1. _____,我差点儿哭了。
2. _____,连……的影子也没有!
3. _____,不知道如何是好。
4. _____,我的呼吸都要停止了。
5. _____,所有的忧愁一下子都飞走了!

二 整体练习

(一)把整篇课文的内容缩写为 400 字以内的小故事

(二)400—600 字作文:一段经历

　　要求:1. 注意写明时间、地点、人物、起因、经过、结果。
　　　　　2. 注意依照一条线索来叙述。
　　　　　3. 注意心理活动的描写。
　　　　　4. 题目自拟。

参考词语句式:

　　第一天　第二天　当……天之后　当……的时候(当……时)
　　然后　后来　过了一会儿　过了不久　终于……

参考题目:

　　1. 第一次打工
　　2. 难忘的旅行
　　3. 来到这里的第一天

 相关链接 ▶▶▶▶▶ 留学生作文阅读

三毛钱

刚到中国的时候,我对中国什么事情都不懂,语言也不通,对中国人的生活方式很陌生,所以感到很不习惯。过了几天,为了亲自体验一下中国人的生活,我一个人到农贸市场买东西。

　　市场上摊位很多,我觉得很有意思。转了一会儿,突然发现一个卖西瓜的小摊儿,摊儿上的西瓜又大又圆,瓜皮绿绿的,还放着写有"西瓜三毛钱"的标牌。我一看非常高兴,心想:中国的物价就是便宜,才三毛钱就能买到这么大的西瓜。我半信半疑地问卖西瓜的人:"真是三毛钱吗?"他点点头,肯定地说:"没错儿,三毛!喜欢哪一个随便挑。"

　　我兴奋地挑了一个又大又好的西瓜,然后递给卖瓜人三毛钱。卖瓜人惊讶地看着我,又看看我手里的三毛钱,蒙(mēng)了。过了好一会儿,才对我说:"不是三毛钱,是四块钱。"我一听就生气了,想起朋友告诉过我的话,心里说道:"我果然遇上了骗子。"于是,我用生硬的汉语一字一顿地对他说:"我是外国人,骗我?"卖瓜人想了一下儿,忽然笑了,好像明白了是怎么回事。他笑着说:"好吧,三毛钱!算我的!不过,你回去后可要好好学习汉语。"我觉得有些莫名其妙,但还是非常高兴地抱着那个大西瓜回去了。

　　回到宿舍,我把买西瓜时发生的事情从头到尾给朋友们讲了一遍,朋友们都笑了。

(据北京大学韩国留学生金炫郁同名作文)

从这一课你学到了什么

1. _____

2. _____

第二课　情绪管理

学习目的

1. 内容提示：情绪与生活
2. 阅读技巧：依照事件发展线索阅读
3. 写作要求：段落之间的连接

热身问题

1. 你是爱发脾气的人吗？
2. 你生气的时候一般会怎样做？

阅读 一

钉　子

提示：注意文章中段与段之间的连接，找出文章中的比喻句
字数：456字
时间：5分钟

有一个男孩，脾气很坏，常常乱发脾气，于是他的父亲给了他

一袋钉子,并且告诉他,每当他发脾气的时候,就钉一根钉子在后院的墙上。

第一天,这个男孩钉下了 37 根钉子。慢慢地,他每天钉下的钉子数量减少了。他发现控制自己的脾气要比钉下那些钉子容易得多。

终于有一天,这个男孩再也不会失去耐性乱发脾气了,所以钉子的数量也不会再增加了。父亲又告诉他:"从现在开始,每当你能控制自己的脾气的时候,就拔出一根钉子。"

一天天过去了,最后男孩告诉他的父亲,他终于把所有的钉子都拔出来了。

这时,父亲拉着他的手,来到了后院。父亲说:"你做得很好,我的好孩子。但是看看那些墙上的洞,这墙将永远不能恢复成从前的样子。你生气的时候说的话,将像这些钉子一样留下疤痕。如果你拿刀子捅别人一刀,不管你说了多少次对不起,那个伤口将永远存在。话语的伤痛就像真实的伤痛一样,令人无法承受。"

人与人之间常常因为这样或者那样的理由而造成永远的伤害。如果我们都能从自己做起,宽容地看待他人,相信一定能收到许多意想不到的结果。

帮别人打开一扇窗,也就是让自己看到更完整的天空。

个人理解

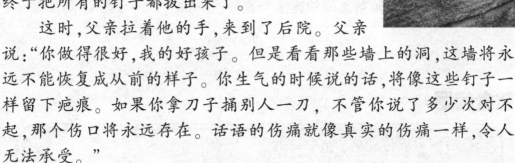

1. 你觉得父亲的做法怎么样?
2. 如果你是那个孩子,听了父亲的话你会怎么想?
3. 如果没有最后两段话,你怎么表达你的观点?

第二课 情绪管理

阅读理解

一 根据课文内容判断正误

☐ 1. 父亲给孩子一袋钉子，要他学习钉东西。
☐ 2. 父亲让孩子一发脾气就把钉子钉在后院的墙上。
☐ 3. 孩子钉的钉子一天比一天多。
☐ 4. 孩子发现钉钉子比控制脾气容易得多。
☐ 5. 孩子不再发脾气时，父亲又给他准备了一袋钉子。
☐ 6. 因为墙上有洞，所以不能恢复成原来的样子。
☐ 7. 孩子捅了别人一刀，说了很多次对不起。
☐ 8. 话语给人的伤痛令人无法承受。

二 文章中哪些句子采用了比喻的方式？把它们找出来

三 下边哪句话可以代表文章的主要意思

1. 一个控制脾气的好方法。
2. 父亲的爱。
3. 语言伤害的不良影响。
4. 对人的伤害有很多种。

四 根据课文内容选择正确答案

1. 文章中的男孩：
   a. 喜欢钉钉子   b. 性格很好
   c. 性格很奇怪   d. 喜欢发脾气

2. 父亲给了孩子：
   a. 一颗钉子   b. 一把钉子
   c. 一袋钉子   d. 一个钉子

3. 父亲让孩子每当发脾气时就：
   a. 不要乱钉钉子   b. 把钉子钉在后院墙上
   c. 把钉子放在袋子里   d. 不要乱放钉子

4. 第一天，孩子：
   a. 发了37次脾气　　　　　　　　b. 发了3次脾气
   c. 发了13次脾气　　　　　　　　d. 发了7次脾气

5. 孩子钉钉子的数量：
   a. 越来越多　　　　　　　　　　b. 越来越少
   c. 没有增加　　　　　　　　　　d. 没有减少

6. 孩子每次能控制脾气的时候，父亲都：
   a. 夸奖他　　　　　　　　　　　b. 给他鼓励
   c. 让他钉一根钉子　　　　　　　d. 让他拔一根钉子

7. 孩子把钉子全部拔出以后，父亲：
   a. 让他看墙上的洞　　　　　　　b. 让他看自己的手
   c. 让他把墙恢复成原来的样子　　d. 让他说道歉的话

重点词语

1. 钉子	（名）	dīngzi	nail
2. 脾气	（名）	píqi	temper; mood
3. 发脾气		fā píqi	to lose temper; get angry
4. 钉	（动）	dìng	to nail
5. 后院	（名）	hòuyuàn	backyard
6. 数量	（名）	shùliàng	quantity; amount
7. 减少	（动）	jiǎnshǎo	to reduce; lessen
8. 控制	（动）	kòngzhì	to control
9. 耐性	（名）	nàixìng	patience
10. 拔	（动）	bá	to pull out; pull up
11. 洞	（名）	dòng	hole
12. 疤痕	（名）	bāhén	scar
13. 捅	（动）	tǒng	to stab; poke
14. 伤口	（名）	shāngkǒu	wound; cut
15. 伤痛	（名）	shāngtòng	hurt and pain

第二课　情绪管理

16. 令	（动）	lìng	to make; cause
17. 承受	（动）	chéngshòu	to bear; endure
18. 理由	（名）	lǐyóu	reason
19. 造成	（动）	zàochéng	to cause; bring about
20. 伤害	（名）	shānghài	injury
21. 宽容	（形）	kuānróng	tolerant
22. 看待	（动）	kàndài	to regard; treat
23. 意想不到		yìxiǎngbúdào	unexpected
24. 扇	（量）	shàn	measure word for doors, windows, etc.
25. 完整	（形）	wánzhěng	whole; intact

词汇练习

一、词语连线：选择合适的搭配（可多选）

1. 发　　　　　A. 控制
2. 拔　　　　　B. 窗户
3. 失去　　　　C. 伤害
4. 增加　　　　D. 钉子
5. 减少　　　　E. 脾气
6. 造成　　　　F. 耐性
7. 打开　　　　G. 数量

二、选词填空

（一）令　扇　捅　恢复　看待　承受　造成　控制　减少

1. 听说你做了手术，现在（　　）得怎么样了？
2. 他（　　）了我一下，不让我说。
3. 失去了女儿，她（　　）着别人难以想象的痛苦。
4. 你怎么（　　）在背后说别人坏话的人？
5. 我睡眠时间（　　）了，精神就越来越不好了。
6. 听了她无礼的话，我（　　）住自己不要发脾气。
7. 这件事（　　）了非常不好的影响。

8. 她的关心( )我十分感动。
9. 下雨了,快把这( )窗户也关上吧。

(二) 伤害 宽容 伤口 耐性 数量 完整 意想不到 理由

1. ( )长得不错,过两天就没事了。
2. 她准备得这么好,我没有( )不同意。
3. 当幼儿园老师需要很好的( ),我肯定做不了这样的工作。
4. 我们的产品虽然( )不多,可是质量很好。
5. 不要说( )别人的话。
6. 你对别人( ),别人对你也就( )。
7. 在去旅行的路上,发生了( )的事。
8. 造句的时候要把句子写( )。

三  选择恰当的词语完成句子

1. 他被小偷(捅/桶)了一刀,受了重伤。
2. 我不想(承受/接受)他的礼物。
3. 你怎么能这样(看待/对待)自己的老母亲呢?
4. 他们的行为给社会(造成/制成)了非常不好的影响。
5. 他的话深深(伤痛/伤害)了他的朋友。
6. 每个人都不是(完整/完美)的人。

合作学习

分组表演这个故事
角色分配:父亲、孩子、画外音

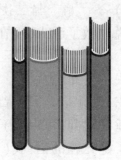

热身问题

猜猜看,什么是"连锁反应"?

阅读 二

连锁反应

提示:注意连续动作描写

字数:509字

时间:5分钟

　　王经理一大早起床时,就发现快要来不及上班了,便急急忙忙洗漱了一下,开车就往公司奔。

　　一路上,为了赶时间,他连闯了几个红灯,终于在一个路口被警察拦了下来。好说歹说,警察还是给他开了一张罚单。

　　这样一来,上班必定迟到。到了办公室之后,王经理有如吃了枪药一般,看到桌上放着几封昨天下班前便已交代秘书寄出的信件,更是生气,于是把秘书叫了进来,劈头盖脸就是一阵痛骂。

　　秘书被骂得莫名其妙,拿着未寄出的信件,低头走出办公室。在走廊里,心情恶劣的秘书遇到了公司内职位最低的清洁工,于是她没头没脑地对清洁工的工作又是一连串的指责。

　　清洁工没有人可以再骂下去,她只得憋着一肚子闷气,一整天都没有心情。

　　清洁工下班回到家,见到读小学的儿子正趴在地上看电视,衣服、书包和零食丢得满地都是,就气不打一处来,立刻把儿子好好地修理了一顿。

儿子知道电视肯定是看不成了,便愤愤地回到自己的卧房,只见家里那只大懒猫正趴在房门口睡觉,儿子一时怒由心起,狠狠地一脚,把猫给踢得远远的。

无故被踢的猫,心中百思不解:"喵呜,我犯了什么错?"

这时,王经理正好从猫身边走过。谨慎的猫为防止再被人踢,迅速地狠狠地抓了一下王经理,溜了。就这样,可怜的王经理被猫抓破了腿。

(据《善待自己:改变命运的N个人生哲理》)

个人理解

1. 这个故事给了你什么印象?
2. 这样的事是否有现实性?

阅读理解

一 按时间顺序写出文章中出现的人物

二 为什么文章的题目叫"连锁反应"

三 根据课文内容填表

起因	过程	结果	心情
王经理起床晚了	闯红灯	被警察开罚单	有如吃火药一般
秘书……			
清洁工……			
清洁工的儿子……			
猫……			

四 解释画线部分的意思

1. 王经理急急忙忙洗漱了一下，开车就往公司<u>奔</u>。
2. <u>好说歹说</u>，警察还是给他开了一张罚单。
3. 到了办公室之后，王经理<u>有如吃了枪药一般</u>。
4. 王经理把秘书叫了进来，<u>劈头盖脸</u>就是一阵痛骂。
5. 她<u>没头没脑</u>地对清洁工的工作又是一连串的指责。
6. 她<u>憋着一肚子闷气</u>，一整天都没有心情。
7. 她<u>气不打一处来</u>，立刻把儿子好好地<u>修理</u>了一顿。
8. 儿子一时<u>怒由心起</u>，狠狠地一脚，把猫给踢得远远的。
9. 无故被踢的猫，心中<u>百思不解</u>："喵呜，我犯了什么错？"

重点词语

1. 洗漱	（动）	xǐshù	to wash and rinse
2. 赶	（动）	gǎn	to try to catch; make a dash for
3. 闯红灯		chuǎng hóngdēng	to rush without stop when red light is shining
4. 拦	（动）	lán	to block; hold back
5. 好说歹说		hǎoshuōdǎishuō	explain this way or that way
6. 罚单	（名）	fádān	traffic ticket
7. 吃枪药		chī qiāngyào	to speak with strong smell of

				gunpowder
8.	交代	(动)	jiāodài	to tell sb. to do
9.	秘书	(名)	mìshū	secretary
10.	劈头盖脸		pītóugàiliǎn	right in the face
11.	痛骂	(动)	tòngmà	to scold severely; curse roundly
12.	莫名其妙		mòmíngqímiào	be unable to make head or tail of sth.
13.	走廊	(名)	zǒuláng	corridor; passageway
14.	恶劣	(形)	èliè	disgusting; bad
15.	职位	(名)	zhíwèi	position
16.	清洁工	(名)	qīngjiégōng	sanitation worker; cleaner
17.	没头没脑		méitóuméinǎo	without cause or reason
18.	一连串	(形)	yìliánchuàn	a succession of (actions, issues, etc.)
19.	指责	(动)	zhǐzé	to blame; criticize
20.	憋	(动)	biē	to suppress; to hold back
21.	闷气	(名)	mènqì	the sulks
22.	趴	(动)	pā	to bend over; to crouch
23.	零食	(名)	língshí	snacks
24.	修理	(动)	xiūlǐ	to punish
25.	顿	(量)	dùn	*measure word for meals, criticize, scold, etc.*
26.	愤愤		fènfèn	feeling aggrieved
27.	无故	(副)	wúgù	without cause or reason
28.	百思不解		bǎisībùjiě	incomprehensible
29.	喵呜	(拟声)	miāowū	*sound of cat*
30.	谨慎	(形)	jǐnshèn	careful; cautious
31.	迅速	(形)	xùnsù	rapid; speedy
32.	溜	(动)	liū	to sneak off; slip away

第二课　情绪管理

词汇练习

一　选词填空

（一）溜　拦　憋　赶　趴　洗漱　交代　指责　有如　痛骂

1. 早晨起来我简单(　　　)一下就去上班了。
2. 为了(　　　)时间,我的信写得很乱。
3. 我正想往里边走,门卫(　　　)住了我,请我出示证件。
4. 这件事是我没有(　　　)清楚,不怪他。
5. 儿子从公安局出来后,被父亲(　　　)了一顿。
6. 本来是你的错,为什么要(　　　)别人?
7. 这句话我(　　　)在心里好几年了,今天一定要说出来。
8. 别(　　　)在桌子上写字,要不然对眼睛和身体都不好。
9. 我最怕跟外教说英语,一看到他我就想(　　　)。
10. 雪后的校园,(　　　)白色的童话世界。

（二）无故　迅速　职位　零食　顿　愤愤
　　　一连串　谨慎　走廊　恶劣

1. 孩子很好奇,总是有(　　　)的问题问大人。
2. (　　　)里安了声控灯,你放心进去吧。
3. (　　　)越高的人,压力越大。
4. 三餐之间吃(　　　)到底好不好?
5. 那里的气候十分(　　　),身体强壮的人也不一定能适应。
6. 王经理(　　　)地说:"竟然在上班时间煲(bāo)电话粥(zhōu),这还叫上班吗?"
7. 选手在回答问题的时候要十分(　　　),因为如果自己答错了的话会给对方加分。
8. 119报警台接到电话后,(　　　)派人赶往火灾现场。
9. 为了感谢朋友们的热心帮助,小李夫妇好好请大家吃了一(　　　)。
10. 这个孩子昨天(　　　)挨了一顿打,实在倒霉。

二　解释下列词语,并用它们分别写一句话

1. 莫名其妙:＿＿＿＿＿＿＿＿＿＿＿＿＿＿＿＿＿＿＿＿＿＿＿＿
＿＿＿＿＿＿＿＿＿＿＿＿＿＿＿＿＿＿＿＿＿＿＿＿＿＿＿＿＿＿

2. 没头没脑: _____

3. 百思不解: _____

4. 好说歹说: _____

5. 劈头盖脸: _____

三 词语连线：选择合适的搭配

1. 闯　　　A. 闷气
2. 开　　　B. 红灯
3. 吃　　　C. 罚单
4. 生　　　D. 枪药

合作学习

小剧表演：连锁反应

要求：至少五个人一组。可以参考课文的情景，也可以增加中间的情节。

一 片段练习：根据下列内容模仿写作，注意使用加点词语或句式

　　有一个男孩，脾气很坏，常常乱发脾气。于是他的父亲给了他一袋钉子，并且告诉他，每当他发脾气的时候，就钉一根钉子在后院的墙上。

　　第一天，这个男孩钉下了37根钉子。慢慢地，他每天钉下的钉子数量减少了。他发现控制自己的脾气要比钉下那些钉子容易得多。

　　终于有一天，这个男孩再也不会失去耐性乱发脾气了，所以钉子的数量也不会再增加了。父亲又告诉他："从现在开始，每当你能控制自己的脾气的时候，就拔出一根钉子。"

　　一天天过去了，最后男孩告诉他的父亲，他终于把所有的钉子都拔出来了。

参考题目：
　　　　1. 戒烟
　　　　2. 学做饭 / 游泳 / 学外语 / 滑冰
字数要求：300字

二 整体练习

　　500字作文：情绪管理
　　要求：利用课文中的词语进行写作，注意段落之间的连接。
　　框架：第一部分：叙述
　　　　　第二部分：简单议论

 相关链接 ▶▶▶▶

查找《善待自己：改变命运的N个人生哲理》并阅读

从这一课你学到了什么

1. _____

2. _____

第三课　城市病

学习目的

内容提示：现代生活的困惑
阅读技巧：根据上下文推测意思
写作要求：扩写与缩写

热身问题

1. 如果你有一个孩子,你希望怎样与他相处?
2. 你觉得父子之间相处最快乐的时刻是什么?

阅读

没空相处

提示：注意文章中几处相似的描写,体会作者的用意；
　　　根据上下文推测画线部分词语的意思
字数：627字
时间：6分钟

有一天,我的儿子出生了。他很可爱,但是我没有时间陪他。我要挣钱养家,我要<u>出人头地</u>。

我不在他身边时,他学会了走路;我知道他会说话时,他已经能说长句子了。他对我说:"爸爸,我长得像你,我长大后会像你一样。"

我摸了一下他的<u>脸颊</u>算是回答,然后夹起公文包往外走。儿子抱住他心爱的猫,抬头问我:"爸爸,您什么时候回家?"

"哦,<u>说不准</u>。不过,爸爸有空儿一定陪你玩儿,我们一定会玩儿得很开心。"

我儿子十岁那天,我送给他一个篮球作为生日礼物。他说:"谢谢爸爸!我们一起玩儿吧。您能教我打篮球吗?"

我说:"今天恐怕不行,我还有许多事情要处理呢。"

"那好吧。"他说,然后转身离开,脸上没有显出失望。他很坚强,越来越像我了。

有一天,他从大学放暑假回家了。嘿,他<u>魁梧挺拔</u>,<u>朝气蓬勃</u>,完全是一个男子汉的模样。我对他说:"儿子,你让我感到自豪。你能坐下来和我说一会儿话吗?"

他摇摇头,笑着对我说:"暑假长着呢。我约了同学出去<u>兜风</u>,您能把车子借给我用一用吗?谢谢,再见!"

我退休了,儿子也结婚搬出去住了。有一天,我给他打电话,我说:"如果可以,我想见见你。"

他说:"爸爸,我很想去看您,但是今天恐怕不行,我还有许多事情要处理呢。"

我忽然感到这些话是那么熟悉。是呀,儿子长大了,他真的很像当年的我。我抚摸着怀里的猫,最后对着话筒问道:"儿子,你什么时候回家?"

"哦,说不准。不过,我有空儿一定会去看望您,我们一定会谈得很开心的。"

挂了电话,我意识到我的儿子已经成为像我一样的人了。

(据《经典阅读》总第122期《没空相处》)

第三课 城市病

个人理解

1. 读了这篇文章后你的心情怎样?
2. 文章中的内容是否会在现实中发生?

阅读理解

一　文章可以分为几个部分？请划分一下

二　根据课文内容填写完整

1. 孩子出生时,"我"没时间陪他,是因为"我"要 _____。
2. 孩子希望"我"和他一起玩儿篮球时,"我" _____。
3. "我"希望和放暑假的孩子说说话时,他 _____。
4. "我"退休后希望见见孩子时,他 _____。

三　根据课文内容判断正误

☐ 1. 孩子出生时"我"有时间陪他,可是他长大后"我"却没有时间陪他。
☐ 2. "我"亲眼看着孩子学会了走路。
☐ 3. 孩子希望长大后像"我"一样。
☐ 4. 孩子10岁时"我"送给他的礼物是一个篮球。
☐ 5. "我"很为孩子自豪。
☐ 6. 孩子结婚后仍和"我"住在一起。

重点词语

1. 挣钱　　（动）　　zhèngqián　　to earn money
2. 养家　　（动）　　yǎngjiā　　to support a family
3. 出人头地　　　　chūréntóudì　　to get great success

4. 摸	(动)	mō	to touch
5. 脸颊	(名)	liǎnjiá	cheeks; face
6. 夹	(动)	jiā	to carry under one's arm
7. 公文包	(名)	gōngwénbāo	briefcase; portfolio
8. 抬头	(动)	táitóu	to raise one's head
9. 恐怕	(副)	kǒngpà	I'm afraid...
10. 处理	(动)	chǔlǐ	to arrange (things); solve (a problem)
11. 转身	(动)	zhuǎnshēn	to turn around
12. 失望	(形)	shīwàng	disappointed
13. 坚强	(形)	jiānqiáng	strong; firm
14. 魁梧	(形)	kuíwǔ	tall and strong
15. 挺拔	(形)	tǐngbá	tall and straight; vigorous
16. 朝气蓬勃		zhāoqìpéngbó	full of youthful spirit
17. 模样	(名)	múyàng	appearance; look
18. 自豪	(形)	zìháo	be proud of; pride oneself on
19. 摇头	(动)	yáotóu	to shake one's head
20. 兜风	(动)	dōufēng	to go for drive; ride or sail
21. 退休	(动)	tuìxiū	to retire
22. 熟悉	(形)	shúxī	be familiar with
23. 抚摸	(动)	fǔmō	to touch and stroke gently
24. 怀	(名)	huái	bosom
25. 话筒	(名)	huàtǒng	telephone transmitter
26. 意识	(动)	yìshí	to realize

词汇练习

一 选词填空

（一）兜风　处理　出人头地　抚摸　养家
　　　夹　意识　抬头　挣钱　摸　退休

1. 你不能总是大手大脚的，父母（　　）很不容易。
2. 我们家靠父亲一个人挣钱（　　）。

3. 总想着（　　）的人，常常不能安心生活。

4. 妈妈（　　）着我的脸说："孩子，你瘦多了。"

5. 接到电话，他（　　）起皮包就出去了。

6. 我（　　）一看，门上写着："请勿入内。"

7. 我有很多事情要（　　），今天恐怕没有时间和你谈了。

8. 年轻人都喜欢开车（　　）。

9. 在中国，一般人60岁（　　）。

10. 我（　　）着受伤的小猫，心疼极了。

11. 比赛的时候我摔倒了，可是当时根本没有（　　）到疼。

（二）挺拔　怀　朝气蓬勃　自豪　坚强
　　　魁梧　熟悉　失望　恐怕　模样

1. 十年不见，他还是小时候的（　　）。

2. 她（　　）里抱着一个可爱的胖男孩。

3. 我今晚要加班，（　　）不能陪你去看电影了。

4. 听说那个电影特别好看，可是我看了以后太（　　）了。

5. 我很佩服他，遇到那么多的苦难依然那么（　　）。

6. 他的父亲是一个身材（　　）的人。

7. 大雪过后，校园里的青松依然（　　）。

8. 老年人最羡慕年轻人（　　）的样子。

9. 妈妈看着领奖台上的孩子，心里有说不出的（　　）。

10. 我对这里的情况不太（　　），你去向别人打听一下吧。

二　观察下列词语，写出几个类似的词语

1. 转身：_____

2. 摇头：_____

3. 抬头：_____

三　词语联想

1. 男子汉：

2. 坚强：

3. 退休：

4. 出人头地：

合作学习

二人一组,把文章的内容改写成小品进行表演

热身问题

1. 现代生活中有没有让你觉得奇怪的现象？
2. 你觉得城市生活有什么好处，有什么缺点？

阅读 二

城市里的颠倒事

提示：体会每一句话中的讽刺含义，根据上下文推测画线部分词语的意思

字数：442 字

 时间：4 分钟

一、出门打的，乘电梯上七楼的健身房，然后在跑步机上<u>挥汗如雨</u>。

二、半夜上网，去歌厅、舞厅，困了不睡觉。之后失眠，再吃<u>安眠药</u>。

三、管儿子叫"小兔崽子"，管宠物狗叫儿子。

四、挑最有特色的饭店吃饭，吃最可口的美食，在酒桌上大谈肥胖之害。

五、把路边应该植树的地方用来盖楼，在家里栽盆景。

六、乡下的<u>爹娘</u>哪儿不舒服不知道，家里的小狗只要打了个喷嚏就赶紧去宠物医院。

七、手机里存了二三百个电话号码,没有一个是邻居的。

八、学生们穿得越来越时尚,说话越来越下流。上学像放学,放学像上学。上学时猛谈恋爱,工作后找不到对象。

九、家里安了防盗门、防盗窗,却总是丢钥匙,然后请开锁高手撬开自己家里的门。

十、建广场时把大树砍掉,再立十二根水泥柱子,建一片水泥"小木屋"和"树墩子"。

十一、单位同事说句话,就想:"这小子是不是在骗我?"庙里和尚说句话,就:"大师啊!"赶紧磕头。

十二、用火腿肠喂狗,吃乡下喂鸡的野菜。

十三、追求越来越高:谋高级职位、穿高级服装、住高级住宅、开高级轿车、吃高级饭店,患高血脂、高血压。

十四、晚上熬夜不睡觉,大人加班,孩子补功课;白天大人在办公室聊大天,孩子在教室睡大觉。

十五、过年大把大把地发短信,又收到一大堆短信,但有很多不知是谁发的。

(据2006年5月16日《老友报》华钱文)

个人理解

1. 以上十五种情况,你印象最深的是哪一个?
2. 对于文中所说的内容,你是否有同感?
3. 文章的题目是什么意思?

阅读理解

一　根据文章内容将相关部分连线

1. 打的乘电梯去健身房　　　　　A. 在家里栽盆景
2. 半夜去歌厅、舞厅，不睡觉　　B. 放学像上学
3. 管儿子叫"小兔崽子"　　　　　C. 在酒桌上大谈肥胖之害
4. 在最有特色的饭店吃最可口的美食　D. 说话越来越下流
5. 把路边应该植树的地方用来盖楼　E. 在跑步机上挥汗如雨
6. 不关心乡下的父母　　　　　　F. 相信庙里和尚说的话
7. 手机里存了很多电话号码　　　G. 立十二根水泥柱子，建一片水泥"小木屋"
8. 穿得越来越时尚　　　　　　　H. 管宠物狗叫儿子
9. 上学像放学　　　　　　　　　I. 失眠，再吃安眠药
10. 上学时猛谈恋爱　　　　　　　J. 吃乡下喂鸡的野菜
11. 家里安了防盗门、防盗窗　　　K. 患高血脂、高血压
12. 建广场时把大树砍掉　　　　　L. 没有一个是邻居的电话号码
13. 不相信单位同事的话　　　　　M. 家里的小狗只要打个喷嚏就赶紧去宠物医院
14. 用火腿肠喂狗　　　　　　　　N. 工作了找不到对象
15. 谋高级职位、穿高级服装、坐高级轿车　O. 总是丢钥匙，请开锁高手撬开家门
16. 收到很多短信　　　　　　　　P. 白天浪费时间
17. 熬夜补课、加班　　　　　　　Q. 不知道是谁发的

二　解释画线部分的意思

1. 在跑步机上<u>挥汗如雨</u>。
2. 在酒桌上<u>大谈肥胖之害</u>。
3. 乡下的<u>爹娘</u>哪儿不舒服不知道，家里的小狗只要打了个喷嚏就赶紧去<u>宠物医院</u>。
4. 上学像放学，放学像上学。上学时<u>猛谈恋爱</u>，工作了找不到对象。
5. 家里安了防盗门、防盗窗，却总是丢钥匙，然后请<u>开锁</u>高手<u>撬</u>开自己家里的门。

6. 住高级住宅、坐高级轿车、吃高级饭店，患高血脂、高血压。
7. 过年大把大把地发短信，又收到大堆的短信，但有很多不知道是谁发的。

 重点词语

1.	颠倒	（形）	diāndǎo	upside-down; confused
2.	电梯	（名）	diàntī	lift; elevator
3.	挥汗如雨		huīhànrúyǔ	drip with sweat
4.	安眠药	（名）	ānmiányào	sleeping pill
5.	兔崽子	（名）	tùzǎizi	brat
6.	肥胖	（形）	féipàng	overweight; fat
7.	植树	（动）	zhíshù	to plant trees; tree planting
8.	栽	（动）	zāi	to plant; grow
9.	盆景	（名）	pénjǐng	potted landscape; miniature trees and rockery
10.	爹娘	（名）	diēniáng	father and mother; parents
11.	喷嚏	（名）	pēntì	sneeze
12.	时尚	（形）	shíshàng	vogue; fashionable
13.	下流	（形）	xiàliú	dirty; obscence
14.	谈恋爱		tán liànài	to have a love affair
15.	防盗门	（名）	fángdàomén	door of guarding against theft
16.	撬	（动）	qiào	to pry; prize
17.	水泥	（名）	shuǐní	cement
18.	柱子	（名）	zhùzi	pillar
19.	树墩子	（名）	shùdūnzi	tree stump
20.	单位	（名）	dānwèi	unit
21.	庙	（名）	miào	temple
22.	和尚	（名）	héshang	Buddhist monk
23.	磕头	（动）	kētóu	to kowtow; act obsequiously
24.	火腿肠	（名）	huǒtuǐcháng	sausage
25.	野菜	（名）	yěcài	edible wild herbs

26. 谋	（动）	móu	to work for; seek
27. 住宅	（名）	zhùzhái	residence
28. 轿车	（名）	jiàochē	car
29. 患	（动）	huàn	to contract (an illness); to suffer from
30. 高血脂	（名）	gāoxuèzhī	high blood fat
31. 高血压	（名）	gāoxuèyā	hypertension; high blood pressure
32. 熬夜	（动）	áoyè	to stay up late or all night
33. 堆	（量）	duī	*(measure word)* pile; heap; crowed

词汇练习

一 选词填空

（一）时尚　住宅　庙　单位　职位　电梯　安眠药　防盗门

1. 低于六层的楼房一般没有（　　）。
2. 我最近常常失眠,需要吃（　　）才能入睡。
3. 女生喜欢看（　　）杂志,男生更喜欢看足球杂志。
4. 为了防小偷,王先生家安了一个高级（　　）。
5. 我们（　　）的同事打算今年夏天一起去黄山旅行。
6. 这座（　　）里现在只有一个和尚了。
7. （　　）那么高有什么用?周末都不能和家人在一起。
8. 他买了一套高级（　　）,刚刚搬了进去。

（二）撬　栽　堆　患　谋　磕头　植树　熬夜　颠倒　肥胖

1. 3月12日是中国的（　　）节。
2. 我在院子里（　　）了一棵桃树。
3. 钥匙丢了,我只好把门（　　）开。
4. 按照我们家乡的习惯,大年初一早上孩子要给父母（　　）。
5. 你们不能只为自己（　　）利,不顾顾客的利益。
6. 由于长期不规律的生活,他终于（　　）了癌症。
7. 瘦弱和（　　）一样,都不是健康的状态。
8. （　　）以后,第二天整天没有精神。
9. 我现在不想出去,一大（　　）脏衣服还没有洗呢。
10. 他哪里在看书啊?你看他手里的书都放（　　）了。

二 词语连线：选择合适的搭配

1. 乘　　A. 喷嚏
2. 打　　B. 防盗门
3. 栽　　C. 盆景
4. 立　　D. 柱子
5. 安　　E. 恋爱
6. 找　　F. 班
7. 谈　　G. 电梯
8. 开　　H. 短信
9. 发　　I. 轿车
10. 加　　J. 课
11. 补　　K. 对象

三 观察下列词语，再写出几个类似的词语

1. 肥胖：＿＿＿＿＿＿＿＿＿＿＿＿＿＿＿＿＿＿＿＿＿
2. 瘦弱：＿＿＿＿＿＿＿＿＿＿＿＿＿＿＿＿＿＿＿＿＿
3. 矮小：＿＿＿＿＿＿＿＿＿＿＿＿＿＿＿＿＿＿＿＿＿

合作学习

选取文章中的一个或者两个情景，编写成小短剧表演

一、片段练习

找出阅读一中描写人物外貌的词语,再多想出几个你知道的其他词语,选择其中的词语描写一个人物的形象。

二、整体练习

(一) 缩写:把阅读一的内容缩写为 300 字。

要求:把对话改为叙述,概括基本内容,线索清晰。

(二) 扩写:仿照阅读一的形式,把阅读二中的某一项扩写为一篇小记叙文。

要求:注意时间、地点、人物等方面,300—600 字,题目自拟。

 相关链接 ▶▶▶▶

在网上输入关键词"城市病",看看有什么结果

从这一课你学到了什么

1. _____

2. _____

第四课　小故事，大道理

学习目的

1. 内容提示：启发性故事
2. 阅读技巧：缩略阅读法
3. 写作要求：叙议结合

热身问题

1. 你喜欢喝粥吗？去过粥店吗？如果去过，有什么印象？
2. 如果你是一家粥店的老板，你打算怎么经营你的小店？

阅读

两家小店

提示：注意对两家小店情况的比较描写
字数：546字
时间：5分钟

在一条街上有两家卖粥的小店，左边一家，右边一家。两家店相隔不远，每天的顾客也相差不多，生意都很红火，人进人出的。然

第四课　小故事，大道理

而，晚上结算的时候，左边这家粥店总比右边那家粥店多出百十来块钱的收入，天天如此。

有个人一直迷惑不解，想知道两家小店有何差别。一天，他走进了右边那家粥店。服务员微笑着把顾客迎进去，给他盛好一碗粥，问道："加不加鸡蛋？"那人说："加。"于是她给顾客加了一个鸡蛋。每进来一个顾客，服务员都要问一句："加不加鸡蛋？"有说加的，也有说不加的，两种情形大约各占一半。

过了几天，那个人又走进了左边那家粥店。服务小姐同样微笑着把他迎进去，给他盛好一碗粥，问道："加一个鸡蛋还是加两个鸡蛋？"顾客笑了，说："加一个。"每进来一个顾客，服务员都会问一句："加一个鸡蛋还是加两个鸡蛋？"爱吃鸡蛋的就要求加两个，不爱吃的就要求加一个，也有要求不加的，但是这种情形很少。一天下来，左边的这家店就要比右边那家多卖出很多鸡蛋。

于是，他找到了答案。

心理学上有个名词叫"沉锚效应"。在人们做决定时，思维往往会被得到的第一信息所左右，第一信息会像沉入海底的锚一样把思维固定在某处。左边粥店的成功之处，在于他们利用了"加一个还是加两个"这一信息，不仅给别人留有余地，而且为自己争取了更大的空间，因此才会不声不响地获胜。

(据《市场报》2005年2月24日 徐峰光文)

个人理解

1. 分别用一两句话概括一下各段的内容。
2. 你对左边的粥店有什么看法？
3. 请举出一个"沉锚效应"的例子。

阅读理解

一 根据课文内容选择正确答案

1. 一条街上有两家：
   a. 卖鸡蛋的小店　　　　　　　b. 卖粥的小店
   c. 卖饺子的小店　　　　　　　d. 卖水果的小店

2. 两家店：
   a. 离得很近　　　　　　　　　b. 离得很远
   c. 一个在东，一个在西　　　　d. 一个在南，一个在北

3. 左边的店比右边的店：
   a. 漂亮　　　b. 收入高　　　c. 位置好　　　d. 鸡蛋多

4. 右边的小店的服务员：
   a. 不喜欢笑　　　　　　　　　b. 不爱说话
   c. 声音不大　　　　　　　　　d. 总是微笑着说话

5. 两个小店的不同在于：
   a. 装修　　　　　　　　　　　b. 服务员的问话
   c. 服务员的数量　　　　　　　d. 服务员的态度

6. 文章中描写生意红火的词语是：
   a. 人山人海　　b. 人进人出　　c. 人来人往　　d. 规模很大

二 根据课文内容填表

两店比较	不同之处	相同之处
左边的店		
右边的店		

第四课 小故事，大道理

重点词语

1. 粥	（名）	zhōu	porridge; congee
2. 隔	（动）	gé	to stand or lie between; be at a distance from
3. 顾客	（名）	gùkè	customer
4. 生意	（名）	shēngyi	business
5. 红火	（形）	hónghuo	flourishing; prosperous
6. 结算	（动）	jiésuàn	to settle accounts
7. 收入	（名）	shōurù	income; earnings
8. 迷惑不解		míhuòbùjiě	feel puzzled
9. 何	（代）	hé	what
10. 差别	（名）	chābié	difference
11. 迎	（动）	yíng	to greet; move towards
12. 盛	（动）	chéng	to fill; to ladle
13. 情形	（名）	qíngxing	situation
14. 占	（动）	zhàn	to be in a certain situation; occupy
15. 同样	（形）	tóngyàng	same
16. 要求	（动）	yāoqiú	to require; request
17. 沉	（动）	chén	to sink; submerge
18. 锚	（名）	máo	anchor
19. 效应	（名）	xiàoyìng	effect; result
20. 思维	（名）	sīwéi	thought; thinking
21. 信息	（名）	xìnxī	information
22. 左右	（动）	zuǒyòu	to control; influence
23. 固定	（动）	gùdìng	to fix; regularize
24. 在于	（动）	zàiyú	to lie in; consist in
25. 利用	（动）	lìyòng	to utilize; take advantage of
26. 余地	（名）	yúdì	leeway; room
27. 争取	（动）	zhēngqǔ	to strive for; win over
28. 空间	（名）	kōngjiān	space
29. 不声不响		bùshēngbùxiǎng	on the quiet; in secret
30. 获胜		huò shèng	to win a victory

词汇练习

一 选词填空

(一) 生意　答案　差别　思维　情形　信息　顾客　收入

1. 开业的第一天,商店里来了很多(　　　)。
2. 除了开出租车,我没有其他(　　　)。
3. 今年的(　　　)不太好,没有去年红火。
4. 请你仔细看看这两幅图有什么(　　　)。
5. 看着眼前的(　　　),他一句话也说不出来。
6. 请选择唯一恰当的(　　　)。
7. 男人和女人的(　　　)方式不同。
8. 人的思维往往会被得到的第一(　　　)所左右。

(二) 迎　占　隔　盛　争取　要求　同样
　　红火　利用　微笑　不声不响　迷惑不解

1. 他的身体不好,(　　　)不了几天就得去医院。
2. 一下车,就看见朋友(　　　)着向我招手。
3. 刚进餐厅,服务员就(　　　)了上来。
4. 我给妈妈(　　　)了一碗饭。
5. 今年韩国学生(　　　)留学生总人数的四分之一。
6. 你有什么(　　　),请提出来。
7. 这家火锅店的生意十分(　　　)。
8. 看他(　　　)的样子,我忍不住笑起来。
9. 这对5岁的双胞胎姐妹穿着(　　　)的服装走过来,特别可爱。
10. 我想(　　　)这个假期学习拉二胡。
11. 大家都在热烈地聊天,她一个人(　　　)地走了。
12. 这种比赛两年一次,我一定要(　　　)这个难得的机会。

二 选择恰当的词语完成句子

1. 你知道怎么(差别/区别)这两个词语的用法吗?
2. 数学课培养人的(结算/计算)能力。
3. 请把昨天发生的(情形/情况)向大家介绍一下。
4. 大年初一,我家来了很多(顾客/客人)。
5. 我想知道他这样做有(何/什)目的。

三　词语连线：选择合适的搭配

1. 提出　　A. 答案
2. 找到　　B. 要求
3. 盛　　　C. 决定
4. 留　　　D. 粥
5. 做　　　E. 余地

小剧表演：两家小店

要求：学生分为两组，每组有三类人：店主、服务员、顾客
注意：两个商店的相同与不同

热身问题

1. 你喜欢坐火车旅行吗?
2. 你在旅途中有没有见到过什么特别的景象?

阅读 二

火车拐弯处

 提示:找出文章中的叙述和议论部分
字数:427字
时间:4分钟

有位年轻人乘火车去某地。

火车行驶在一片荒无人烟的山野之中,人们一个个百无聊赖地望着窗外。

前方有一个拐弯,火车开始减速。一座简陋的平房缓缓地进入了年轻人的视野,其他乘客也睁大眼睛"欣赏"起寂寞旅途中这道特别的风景,有的乘客开始窃窃议论起这座房子来。

年轻人的心为之一动。

返回时,他中途下了车,不辞辛苦地找到了那座房子的主人。主人告诉他,每天火车都要从门前驶过,噪音吵得他们实在受不了,很想以低价卖掉房屋,但很多年来一直无人问津。

不久,年轻人用3万元买下了那座平房。他觉得这座房子正好处在拐弯处,火车经过

第四课 小故事,大道理

这里时都会减速,疲惫的乘客一看到这座房子都会精神一振,用来做广告是再好不过的了。

很快,他开始和一些大公司联系,推荐房屋正面这道极好的"广告墙"。后来,可口可乐公司看中了这道"广告墙",在3年租期内,支付给年轻人18万元租金……

这是一个绝对真实的故事。

在这个世界上,发现就是成功之门。生活中,有许多细节里隐藏着机遇。只要我们用心去发现,成功就在拐弯处等着我们。

(据《梦想论坛》2005年1月3日王振国文)

个人理解

1. 你对文章中的哪个部分印象最深?
2. 你怎么理解"发现就是成功之门"这句话?
3. 用几句话简单概括一下文章的内容。

阅读理解

一 根据课文内容判断正误

☐ 1. 年轻人喜欢去荒无人烟的地方旅行。
☐ 2. 火车上的人们都很无聊。
☐ 3. 一座平房出现的时候根本没有人在意。
☐ 4. 年轻人对那座房子产生了兴趣。
☐ 5. 年轻人准备买下那座平房住进去。
☐ 6. 房子的主人非常想把房子卖掉。
☐ 7. 房子的主人非常讨厌火车的噪音。

□ 8. 年轻人花 18 万元租了那座平房。

二 根据课文内容回答问题

1. 年轻人是怎么发现那座平房的？
2. 他为什么要买那座房子？
3. 他用多少钱买下了那座房子？
4. 买下房子以后他又做了什么？
5. 他有什么收获？

三 说出画线部分的意思

1. 一座简陋的平房<u>缓缓地进入了年轻人的视野</u>。
2. 年轻人的<u>为之一动</u>。
3. 主人告诉他，他很想以低价卖掉房屋，但很多年来一直<u>无人问津</u>。
4. 他觉得这座房子正好处在拐弯处，火车经过这里时都会减速，用来做广告是<u>再好不过的了</u>。

四 填写适当的量词

1. 一（ ）房子　　2. 一（ ）风景　　3. 一（ ）山野　　4. 一（ ）墙

重点词汇

1. 拐弯	（名）	guǎiwānr	turning
2. 行驶	（动）	xíngshǐ	(of a vehicle, ship, etc.) travel along a route
3. 荒无人烟		huāngwúrényān	desolate and uninhabited
4. 山野	（名）	shānyě	remote highlands; mountain area
5. 百无聊赖		bǎiwúliáolài	bored to death
6. 减速	（动）	jiǎnsù	to slow down
7. 简陋	（形）	jiǎnlòu	(of house, facility, etc.) simple and crude
8. 缓缓	（形）	huǎnhuǎn	slowly; gradually
9. 视野	（名）	shìyě	field of vision (or view)
10. 寂寞	（形）	jìmò	lonely; dolefulness

第四课 小故事，大道理

11. 旅途	（名）	lǚtú		journey
12. 窃窃	（形）	qièqiè		speaking in low voice
13. 心动		xīn dòng		enthusiasm or interest is aroused
14. 返回	（动）	fǎnhuí		to return to; come (or go) back
15. 不辞辛苦		bùcíxīnkǔ		not care of great trouble
16. 噪音	（名）	zàoyīn		noise
17. 无人问津		wúrénwènjīn		no one takes any interest in it; receive no attentior
18. 疲惫	（形）	píbèi		exhausted; tired out
19. 精神	（名）	jīngshén		spirit; mind
20. 振	（动）	zhèn		to rise with force and spirit; inspire
21. 推荐	（动）	tuījiàn		to recommend
22. 租期	（名）	zūqī		the period of rent
23. 支付	（动）	zhīfù		to pay (money)
24. 租金	（名）	zūjīn		rent; charter money
25. 绝对	（副）	juéduì		absolutely; definitely
26. 隐藏	（动）	yǐncáng		to hide; ensconce
27. 机遇	（名）	jīyù		opportunity; favorable circumstances

词汇练习

一　解释下列词语，并且用它们各说一句话

1. 荒无人烟：_____

2. 百无聊赖：_____

3. 不辞辛苦：_____

4. 无人问津：_____

5. 精神为之一振：_____

二 选词填空

噪音　旅途　隐藏　推荐　减速　支付　拐弯　返回　行驶

1. 下雪以后,路上的车都在缓慢地(　　　)。
2. 前方是铁路道口,请(　　　)慢行。
3. 离出发还有半个小时,我发现手机忘带了,于是赶紧(　　　)家中取手机。
4. 听说你们在招聘?我给你们(　　　)一个人怎么样?
5. 为了给儿子治病,他已经(　　　)了好几万元的医疗费。
6. 她把这个秘密(　　　)了很多年。
7. 前边有一个(　　　),车不要开那么快。
8. 祝大家(　　　)愉快!
9. 这种牌子的空调(　　　)很大,我们再考虑考虑别的牌子吧!

三 选择恰当的词语完成句子

1. 你要抓住这个好(机遇/机会)。
2. 这个房子虽然(简陋/简单),但是主人把它布置得很漂亮。
3. 没有月亮的夜晚,周围的一切都显得很(寂寞/寂静)。
4. (疲劳/疲惫)驾驶和酒后开车都是十分危险的。
5. 我(绝对/一定)不相信这件事。
6. 听他说了半天,我(慢慢/缓缓)明白了他的意思。
7. 台下的(窃窃/偷偷)议论声影响了台上的演讲者。

四 观察下列词语,看看它们有什么规律

1. 旅途　　长途　　中途　　短途
2. 简陋　　简单　　简短　　简洁
3. 视野　　田野　　山野　　原野
4. 租期　　学期　　假期　　延期

合作学习

故事会:成功的故事
分组准备关于成功的小故事,每组有人讲、有人评论。

一　片段练习

(一) 参考课文中的叙述方式,选用下列词语描写一两个情形

在……有……一年之后……一天……于是…… 又过了几天……
就这样……

在……之中……前方有一个……不久…… 很快……后来……

(二) 抄写下列句子,并且仿写一段话

1. 生活中,有许多细节中隐藏着机遇,只要我们用心去发现,成功就在拐弯处等着我们。

2. 左边粥店的成功之处在于,他们利用了"加一个还是加两个"这一信息,不仅给别人留有余地,而且为自己争取了更大的空间,才会不声不响地获胜。

二　整体练习

400—600字作文:小故事,大道理
要求:
第一部分:叙述一个小故事(400—500字)
第二部分:议论(100—200字)

相关链接 ▶▶▶▶

《小故事大道理》是一部小故事集。由海潮出版社2005年9月出版,雅瑟编著。全书共收录近千则经典小故事,每篇故事后都有简短的小道理,引人思考。 全书根据不同的主题划分为若干辑,主要包括:爱情和友谊、人生智慧、成功法则、生存方略、积极心态、掌控命运等等。

这本故事集适合不同年龄段、不同阅历的人阅读，每个人都会有不同的收获。正如作者希望的那样："愿书中的这些哲理故事能成为点亮你人生的灯，在它的照耀下，我们可以把不快的忧伤变为沉醉的美酒，把午夜的黑暗化为黎明的曙光，使原本没有意义的人生之旅变得格外轻松、欢快、达观。"

从这一课你学到了什么

1. _____

2. _____

第五课 至爱亲情

学习目的

1. 内容提示：亲情故事
2. 阅读技巧：依照情感表达线索阅读，体会抒情与叙述的关系
3. 写作要求：人物行动描写与性格描写

热身话题

说到"父亲"，你最先想到的词语是什么？

阅读 一

父爱无边

提示：注意对父亲和母亲的不同描写；根据字形和上下文猜测画线词语的意思

字数：854字

时间：8分钟

每周一次往家里打的电话都是妈妈接的，妈妈每次都兴奋地

问这问那，问是不是还老胃疼，有没有受男友委屈，养的花开了几朵；讲父亲的血压又有点儿高了，家里的猫生了小猫……每次都听到父亲在旁边呵斥："有完没完，她打电话要花钱的！"妈妈说："那你讲吧！"父亲并不接话筒，只是大声

地说："家里一切都好，注意身体，好好学习！"然后就让妈妈把电话挂了。有一次，我没按常规时间打电话回家，是父亲接的电话，一听是我的声音，就"嘿嘿"地笑了两声，说："找你妈吧，我给你叫。"不等我反应，就把话筒递给了母亲，我仍然只有通过母亲向父亲问候。

去年寒假回家，路上车子出了点儿毛病，本来应该五点到家的，七点半车子才到村口。这时天已经完全黑了，阴冷阴冷的。父亲站在村口的小卖铺前，不等车子停稳就要上车替我拿行李。我下了车，小卖铺的老板说："你爸爸都等了两个多钟头了。"我跟在父亲身后，想诉说半年来的思念之情，可面对父亲蹒跚的身影，我一句话也说不出来。

农民的冬日是极其悠闲的，尤其是春节过后。在暖洋洋的下午，母亲与邻居们一起织毛衣、拉家常，父亲们则聚在一起下象棋、打扑克。我呢，则忙于参加同学之间的聚会。一次出门前去跟父亲打招呼时，父亲问我去多久，我说我再打电话。晚上同学极力挽留，我便给家里打电话。电话是父亲接的，声音有些不悦，问："什么时候回来？"我说："明天吧。"结果，我到第三天才回了家。晚饭时，父亲忽然嘟囔了一句："放假还不如不放呢，整天在外面跑，不沾家。"

我心一酸：原来父亲这么希望我能多陪陪他们！此后，无论同学怎样邀请，我都不再出去，即使出去，也一定赶回来与家人一起吃饭。在父亲下棋时，我就搬个小凳子坐在他身后，像儿时那样依偎着他，看他下棋。他的脸上

写满了满足与得意,与棋友的话也多了很多。

　　开学时,又是父亲提着包走在前,我和母亲跟在后去村口等车,他仍然一路默默无语。但只见他那双手越来越紧地抓着背包带子,仿佛留住了包就留住了我。车子开动了,母亲跟着车子走了几步,隔着车窗还在<u>叮嘱</u>那叮嘱了几年的话,父亲则站在那儿不动,只是目送着车子与我。

　　在<u>挥手</u>的一刹那,我泪如泉涌。

个人理解

1. 读这篇文章时你的心情是怎样的?
2. 文章中的哪个部分给你的印象最深?
3. 你觉得父爱和母爱有什么不同?

阅读理解

一　根据课文内容回答问题

1. 父亲和母亲接电话的方式有什么不同?
2. "我"寒假回家时为什么到家晚了?
3. 春节后,农民们都在干什么?
4. "我"寒假里忙着做什么?
5. 接电话后父亲为什么不悦?
6. 为什么"我"后来很少出去了?
7. 送"我"去上学的路上母亲和父亲的表现有什么不同?

二　下列哪些内容文章中没有提到

1. 父亲的身体情况。
2. "我"给家里打电话的时间一般是有规律的。
3. 父亲对"我"发过一次脾气。
4. "我"喜欢看父亲打牌。

重点词语

#	词	词性	拼音	释义
1	委屈	(动)	wěiqu	to put sb. to great inconvenience
2	呵斥	(动)	hēchì	to berate; scold
3	常规	(形)	chángguī	regular; usual
4	反应	(动)	fǎnyìng	to react
5	小卖铺	(名)	xiǎomàipù	a small shop
6	稳	(形)	wěn	steady
7	诉说	(动)	sùshuō	to tell; to pour out
8	蹒跚	(动)	pánshān	to walk haltingly; hobble
9	身影	(名)	shēnyǐng	figure
10	悠闲	(形)	yōuxián	leisurely and carefree; easygoing
11	暖洋洋	(形)	nuǎnyángyáng	warm
12	拉家常		lā jiācháng	to chat; engage in small talk
13	象棋	(名)	xiàngqí	chess; Chinese chess
14	扑克	(名)	pūkè	poker; playing cards
15	则	(连)	zé	expresses contrast with a previous sentence
16	挽留	(动)	wǎnliú	to persuade sb. to stay
17	不悦		bú yuè	unhappy; displeased
18	嘟囔	(动)	dūnang	to mutter to oneself; mumble
19	沾	(动)	zhān	to touch with
20	凳子	(名)	dèngzi	stool; bench
21	依偎	(动)	yīwēi	to snuggle up to; lean close to
22	默默无语		mòmòwúyǔ	can't say a word with silent
23	仿佛	(副)	fǎngfú	be more or less the same; as if
24	叮嘱	(动)	dīngzhǔ	to urge again and again
25	目送	(动)	mùsòng	to follow with one's eyes; gaze after
26	挥手	(动)	huīshǒu	to wave one's hand
27	一刹那	(名)	yíchànà	in an instant; in a flash
28	泪如泉涌		lèirúquányǒng	burst into tears

第五课 至爱亲情

词汇练习

一 选词填空

(一) 拉家常　呵斥　诉说　反应　挽留　隔　沾
　　　嘟囔　依偎　蹒跚　挥手　目送　叮嘱

1. 别(　　)孩子,他会被吓坏的。
2. 我还没有(　　)过来,他已经倒在了地上。
3. 女儿向母亲(　　)着这两年来遭受到的不幸。
4. 看着奶奶(　　)的样子,我心里很不是滋味。
5. 老人们喜欢坐在树下(　　)。
6. 朋友一再(　　),于是我在桂林多呆了几天。
7. 听见我进门的声音,母亲(　　)了一句:"每天都这么晚。"
8. 他最近太累了,一(　　)枕头就睡着了。
9. 孩子们(　　)在老人的身边,静静地听他讲故事。
10. 我和他的家就(　　)一条街。
11. 旅行前,母亲一再(　　)我注意安全。
12. (　　)着朋友远去的背影,我的心里十分伤感。
13. 火车开动时,前来送行的人们都对着车厢内的人(　　)告别。

(二) 则　稳　得意　不悦　常规　默默无语　暖洋洋
　　　委屈　仿佛　悠闲　刹那　泪如泉涌

1. 我还没有站(　　),火车就开动了。
2. 他很(　　)地一边抽烟一边看报纸。
3. 冬日中午的太阳晒在脸上,(　　)的。
4. 听了我的话,他的脸上有些(　　)。
5. 这个小偷太(　　)了,竟然又回到原来的地方偷东西。
6. 分别的时刻快要到了,大家都(　　)。
7. 告诉我,是谁让你受了(　　)?
8. 按照(　　),这样高难度的手术需要由王医生来做。
9. 这条街上有两家川菜馆,一家生意红火,另一家(　　)冷冷清清。
10. 睡梦中,我(　　)看到了母亲微笑的面容。
11. 看到站台上自己思念已久的亲人,她(　　)。
12. 在回头的一(　　),我看到了一个熟悉的身影。

二 词语连线：选择合适的搭配（可多选）

1. 量   A. 电话
2. 拿   B. 凳子
3. 下   C. 话筒
4. 打   D. 象棋
5. 养   E. 血压
6. 挂   F. 花
7. 搬   G. 扑克

合作学习

一 给大家介绍一个你印象最深的有关父亲的情景

二 小调查：分组写出关于"父亲"的联想词句，找出共同的词语

热身问题

在你印象中,你的父亲最喜欢做什么?

阅读 二

听父亲讲故事

提示:注意人物描写和抒情部分;根据字形和上下文猜测画线词语的意思

字数:747 字

时间:7 分钟

　　爸爸一生以教书为业。据他的学生说:"上梁教授的课是一种享受。"我从来没有机会听爸爸讲课,但是听他在家中的"即席演讲"却是家常便饭。

　　爸爸心情好的时候,特别喜欢讲故事。听众无须多,只要认真听,并且随着故事情节做些反应,爸爸就会越讲越卖力,甚至会表演起来。讲完之后,他会浑身大汗,<u>气喘吁吁</u>。妈妈这时一定会端上清茶一杯给爸爸<u>润嗓子</u>。

　　我记得爸爸有两位忠实听众。一位是陈先生。陈先生怕鬼,所以爸爸最喜欢给陈先生讲鬼的故事。陈先生每当听说要讲鬼的故事,就立刻用双手捂住耳朵,苦苦哀求不要讲。但是他从来没有逃走过,只是急得乱跺脚。等到故事讲完,陈先生告辞时,多半已夜深人静。这时爸爸必定要郑重忠告陈先生,回去的时候小心撞倒路边的鬼,然后宾主<u>尽欢而散</u>。

　　另一位忠实听众是爸爸的同学徐先生。他常骑自行车来我家,每次都要请爸爸讲故事。闲话家常之后,爸爸必定为他来个"专题演讲"，内容多半是《西游记》、《三国演义》或《水浒传》中之一段。我每次都旁听，妈妈则负责茶点。

爸爸讲故事不注意细节，常常为适应听众兴趣及理解水平添油加醋，使故事更加生动。记得我小时候，爸爸常在临睡前给我们三个孩子讲故事。我最小，最爱哭。每听到悲哀处，我会情不自禁哭起来。妈妈在旁必会责怪："叫你哄孩子，怎么倒让她哭了！"于是爸爸立刻改变故事内容。我那时听的故事都记不得了，只有一个故事印象深刻，至今不忘。故事说的是一个孩子走丢后，找不到妈妈了（我开始哭，妈妈开始埋怨）……爸爸马上改口说后来有人在那孩子的额头上贴了一张邮票，就把她寄回家去了。我又破涕为笑。

成家立业后，我们搬到了另外的城市。但只要爸妈来到我家小住，每晚爸爸都要为我的孩子讲一个故事。如今，双亲都已过世，整理相片，往事如烟。我多么希望能再次亲耳听父亲讲一次故事，哪怕只有一小段。

(据梁文蔷《梁实秋与程季淑——我的父亲母亲》)

个人理解

1. 读了上面的文章，你印象最深的部分是什么？
2. 请用几个词语说明你对文中父亲、母亲和"我"的印象。
3. 分别用一句话概括各段的意思。

阅读理解

一 根据课文内容回答问题

1. 父亲的学生怎么评价父亲的课？
2. 父亲心情好的时候喜欢做什么？

3. 父亲的两位忠实听众是谁？
4. 父亲忠告陈先生什么？
5. 父亲讲故事有什么特点？
6. 父亲有什么不变的习惯？
7. 作者怎样描写自己在父亲过世后的心情？

二 根据课文内容判断正误

☐ 1. "我"觉得上爸爸的课是一种享受。
☐ 2. 爸爸常常在家中讲课。
☐ 3. 爸爸讲故事很卖力。
☐ 4. 爸爸讲故事的时候"我"负责茶点。
☐ 5. "我"最喜欢听鬼的故事。
☐ 6. "我"小的时候爸爸喜欢在临睡前给"我们"讲故事。
☐ 7. 爸爸一讲故事"我"就哭。
☐ 8. 爸爸会根据需要随便改变故事内容。
☐ 9. "我"结婚后和父母住在一起。

三 解释下列句中画线的部分

1. 爸爸一生<u>以教书为业</u>。
2. 我从来没有机会听爸爸讲课,但是听他在家中的"<u>即席演讲</u>"却是<u>家常便饭</u>。
3. 我记得爸爸有两位<u>忠实听众</u>。
4. <u>宾主尽欢而散</u>。
5. 爸爸讲故事不注意细节,常常为适应听众兴趣及理解水平<u>添油加醋</u>,使故事更加生动。
6. 每听到悲哀处,我会<u>情不自禁</u>哭起来。
7. 我<u>破涕为笑</u>。
8. <u>成家立业</u>后,我们搬到了另外的城市。
9. 如今,双亲都已过世,整理相片,<u>往事如烟</u>。

重点词语

1.	享受	（名）	xiǎngshòu	enjoyment
2.	即席	（形）	jíxí	impromptu; extemporaneous
3.	演讲	（动）	yǎnjiǎng	to make a speech
4.	随	（动）	suí	to follow; comply with
5.	情节	（名）	qíngjié	plot
6.	卖力	（形）	màilì	sparing no effort; exerting all one's strength
7.	浑身	（名）	húnshēn	from head to toe; all over
8.	气喘吁吁		qìchuǎnxūxū	pant; huff and puff
9.	润嗓子		rùn sǎngzi	to moisten one's throat
10.	忠实	（形）	zhōngshí	faithful and trustworthy
11.	捂	（动）	wǔ	to cover with hand
12.	跺脚	（动）	duòjiǎo	to stamp one's foot (in anxiety, fury, resentment, etc.)
13.	告辞	（动）	gàocí	to take leave
14.	郑重	（形）	zhèngzhòng	serious
15.	忠告	（动）	zhōnggào	sincerely advise
16.	尽欢而散		jìnhuān'érsàn	apart with joy
17.	专题	（名）	zhuāntí	special subject; special topic
18.	负责	（动）	fùzé	to be responsible; be in charge of
19.	细节	（名）	xìjié	details; specifies
20.	添油加醋		tiānyóujiācù	add inflammatory details to a story
21.	悲哀	（形）	bēi'āi	sad; sorrowful
22.	情不自禁		qíngbùzìjīn	cannot help doing sth.
23.	责怪	（动）	zéguài	to blame; accuse
24.	哄	（动）	hǒng	to coax; humor
25.	埋怨	（动）	mányuàn	to blame; complain
26.	额头	（名）	étóu	forehead
27.	破涕为笑		pòtìwéixiào	smile through tears
28.	成家立业		chéngjiālìyè	to get married and start one's career

29. 过世　　　（动）　　guòshì　　to die; pass away
30. 整理　　　（动）　　zhěnglǐ　　to put in order; sort out

专有名词

1.《西游记》　　　Xīyóujì　　　Journey to the West
2.《三国演义》　　Sānguóyǎnyì　The Romance of the Three Kindoms
3.《水浒传》　　　Shuǐhǔzhuàn　The Story by the Water Margin

词汇练习

一　选词填空

（一）埋怨　演讲　哄　整理　负责　适应　责怪
　　　享受　过世　告辞　忠告　添油加醋

1. 对于母亲来说，看着儿子大口大口地吃自己做的饭是一种（　　　）。
2. （　　　）比赛的题目你想好了没有？
3. 晚会结束后，大家一一（　　　）。
4. 我给你一个（　　　），一定不要随便吃小摊上的东西。
5. 这件事由王老师（　　　），请和他商量。
6. 她正在（　　　）地讲述着刚才发生的事。
7. 我说错了话，大家都（　　　）我。
8. 快去（　　　）妹妹，她要哭了。
9. 事情已经发生了，咱们就不要互相（　　　）了，还是赶紧想办法吧。
10. 我真的不知道老人已经（　　　）三年了。
11. 每个周末我都要好好（　　　）一下房间。
12. 半年过去了，我还是不太（　　　）北方的干燥气候。

（二）郑重　卖力　细节　情节　专题　忠实　悲哀
　　　随着　浑身　气喘吁吁　成家立业　情不自禁

1. （　　　）故事情节的发展，主要人物都出现了。
2. 这部电影的（　　　）很不真实，所以让观众发笑。
3. 爬了三个小时山，我（　　　）酸疼。

4. 警察认真检查着作案现场,不放过任何一个(　　　)。
5. 今天王教授要给我们做关于中国经济发展的(　　　)报告。
6. 王女士主持的节目特别受欢迎,有很多(　　　)的观众。
7. 他(　　　)地问她:"你愿意嫁给我吗?"
8. 这个老人有五个儿子,可是一个也不愿意养她,真让人感到(　　　)。
9. 看到电影中的紧张部分,我(　　　)叫起来。
10. 几年不见,他已经(　　　)了。
11. 风很大,我(　　　)地骑着车,可是怎么也快不了。
12. 刚爬到半山腰,我就已经(　　　)了。

二 词语连线:选择合适的搭配

1. 捂　　　　A. 茶
2. 润　　　　B. 脚
3. 跺　　　　C. 嗓子
4. 讲　　　　D. 孩子
5. 哄　　　　E. 耳朵
6. 端　　　　F. 故事

讲故事比赛:分组准备一个故事,进行讲故事比赛,可以合作表演

一 片段练习

（一）找出并抄写课文中关于人物描写的句子

阅读一：
1. 父亲接到"我"的电话时的表现。
2. "我"看父亲下棋时父亲的表情。
3. 父亲送"我"去坐车路上的表现。

阅读二：
1. 父亲讲故事时的神态。
2. 父亲捉弄陈先生时的表现。

（二）用 100—200 字分别简单描写阅读一和阅读二中的父亲。
阅读一：
阅读二：

二 整体练习

500 字作文：《我的父亲》或者《我的母亲》
要求：
分三部分：
1. 简单介绍父亲或母亲。
2. 具体事例（注意外貌、行动或性格描写）。
3. 对父亲或母亲的情感。

 相关链接 ▶▶▶▶

梁文蔷与梁实秋

梁实秋(1903—1987)，浙江余杭人，著名文学评论家、散文家、翻译家。1915 年考入清华大学，1919 年与闻一多等成立清华文学社，1923 年赴美国留学,1926年回国,1931年执教青岛大学,1934年任北京大学教授,1948年移居香港,次年到台湾,任台湾大学教授、师范大学文学院院长、台湾编译馆馆长等职。代表作有《雅舍小品》、《看云集》、《偏见集》、《秋室杂文》等。翻译《莎士比亚戏剧全集》37卷,主编《远东英汉大辞典》。

梁文蔷(1933—)是梁实秋与程季淑的幼女,生于青岛。台湾大学农业化学系毕业,1958年赴美进修,获伊利诺大学食品营养学硕士,1982年获华盛顿大学高等教育博士。曾任华盛顿大学医学院心脏科技师、台湾师范大学营养学讲师、美国西雅图社区学院营养学教授。1999年退休。闲暇之余,喜好绘画,曾多次在国外参加画展,擅长写作,时有著述问世。

《梁实秋与程季淑——我的父亲母亲》是梁文蔷编写的一本文集。作者以充沛的情感、活泼的笔触,将梁氏夫妇的人格魅力及良好家风生动细腻地描绘出来。全书附有珍贵照片和墨迹50余幅。

<u>尝试阅读朱自清先生的《背影》,注意作者对父亲的描写</u>

从这一课你学到了什么

1. _____

2. _____

第六课　幸福专题

●学习目的●

1. 内容提示：幸福的感觉
2. 阅读技巧：寻找关键词句
3. 写作要求：
   (1) 小随笔
   (2) 排比句的使用

●热身问题●

1. 你觉得你是一个快乐的人吗？
2. 得到快乐的方法是什么？

阅读 一

简单的道理

提示：注意本文的结构和叙述方式
字数：573字
时间：5分钟

有一个人去面试时，随手将走廊上的纸屑拣起来，放进垃圾桶,被路过的考官看到了,他因此得到了一份工作。

原来获得赏识很简单,养成好习惯就可以了。

有一个小伙子在自行车修理店学徒。有人送来一部坏了的自行车。小伙子除了将车修好,还把车子擦得光亮如新。其他学徒笑他多此一举,他只是笑了一笑。车主将自行车领回去的第二天,小伙子被挖到他的公司上班。

原来出人头地很简单,吃点儿亏就可以了。

有一个小孩对母亲说:"妈妈,您今天真漂亮。"母亲问:"为什么?"小孩说:"因为妈妈今天没有生气。"

原来拥有漂亮很简单,只要不生气就可以了。

有个牧场主人,常常叫他的孩子在牧场上工作。朋友对他说:"你不需要让孩子如此辛苦,农作物一定会长得很好的。"牧场主人回答说:"我不是在培养农作物,我是在培养我的孩子。"

原来培养孩子很简单,让他吃点儿苦头就可以了。

有一家商店经常灯火通明,有人问:"你们店里用什么牌子的灯管?那么耐用?"店主回答说:"我们的灯管也常常坏,只是坏了就马上换而已。"

原来保持明亮的方法很简单,只要不懒惰就可以了。

有一支淘金队伍在沙漠中行走,大家都步履沉重,痛苦不堪,只有一个人快乐地走着。别人问:"你为何如此惬意?"他笑着说:"因为我带的东西最少。"

原来拥有快乐很简单,负担少一点就可以了。

其实人生也很简单,只要懂得"珍惜"、"知足"和"感恩",就会拥有生命的光彩。

(据2003年《读者》第6期)

第六课 幸福专题

个人理解

1. 你对文章的哪一段印象最深？
2. 这篇文章在写法上有什么特点？

阅读理解

一　请画出文章中的关键句

二　根据课文将相关的内容用线连起来

被举例的人物	获得好结果的方式	结果
捡起纸屑的面试者	不生气	拥有漂亮
帮别人擦亮车子的学徒工	不懒惰	保持明亮
在孩子眼中不生气的母亲	吃点亏	获得赏识
牧场主人和他的孩子	负担少一点儿	拥有快乐
商店店主	让孩子养成好习惯	出人头地
快乐的旅行者	吃点苦头	把孩子培养好

三　根据课文内容回答问题

1. 面试的人为什么很容易地得到了那份工作？
2. 别人为什么笑话那个学徒工？
3. 那个孩子为什么说妈妈漂亮？
4. 牧场主人为什么让他的孩子在牧场上工作？
5. 那家商店为什么常常灯火通明？
6. 那个沙漠中的旅行者为什么比别人都快乐？
7. 获得精彩人生最重要的因素是什么？

重点词语

1.	纸屑	（名）	zhǐxiè	scraps of paper
2.	垃圾桶	（名）	lājītǒng	trash can; dustbin
3.	赏识	（动）	shǎngshí	to esteem; to appreciate
4.	学徒	（名、动）	xuétú	apprentice; to be apprentice to sb.
5.	光亮如新		guāngliàngrúxīn	bright like a new one
6.	多此一举		duōcǐyìjǔ	make an unnecessary move
7.	吃亏	（动）	chīkuī	to be in an unfavorable situation
8.	拥有	（动）	yōngyǒu	to possess; own
9.	牧场	（名）	mùchǎng	pastureland; livestock farm
10.	农作物	（名）	nóngzuòwù	crops; cultivated plants or agricultural produce
11.	培养	（动）	péiyǎng	to foster; train
12.	吃苦头		chī kǔtóu	bear hardships
13.	灯火通明		dēnghuǒtōngmíng	ablaze with lights
14.	灯管	（名）	dēngguǎn	fluorescent lamp
15.	耐用	（形）	nàiyòng	durable; capable of standing wear
16.	保持	（动）	bǎochí	to keep; maintain
17.	明亮	（形）	míngliàng	well-lit; bright
18.	懒惰	（形）	lǎnduò	lazy; slothful
19.	淘金	（动）	táojīn	to pan; to dig gold
20.	沙漠	（名）	shāmò	desert
21.	步履	（名）	bùlǚ	walk; gait
22.	沉重	（形）	chénzhòng	heavy; hard
23.	痛苦不堪		tòngkǔbùkān	cannot bear pain or suffering
24.	惬意	（形）	qièyì	pleased; satisfied
25.	负担	（动）	fùdān	to bear; shoulder
26.	珍惜	（动）	zhēnxī	to treasure; cherish
27.	知足	（形）	zhīzú	to be content with one's lot

第六课 幸福专题

| 28. 感恩 | （动） | gǎn'ēn | to feel grateful |
| 29. 光彩 | （名） | guāngcǎi | splendor; brilliance |

词汇练习

一　选词填空

　　拥有　感恩　培养　惬意　保持　耐用　明亮　光彩　吃…苦头
　　赏识　吃亏　懒惰　淘金　沙漠　珍惜　负担　知足

1. 中国有句老话："(　　　)是福。"
2. 人人都(　　　)爱的权利。
3. 为了把孩子(　　　)成人,母亲辛苦地工作,头发过早地变白了。
4. (　　　)身材的办法是什么？
5. 很多人去沙漠(　　　),可是都一无所获。
6. 水资源很宝贵,我们要(　　　)。
7. 你常常能来看我,我就(　　　)了,不要带什么礼物。
8. 最近压力太大,精神(　　　)很重,所以他常常失眠。
9. 由于他工作努力,受到老板的(　　　),工资被提高了一倍。
10. (　　　)节要到了,我正在准备礼物。
11. 这只笔很(　　　),我非常喜欢。
12. 她有一双(　　　)的大眼睛。
13. 妈妈教育孩子,不要做(　　　)的人。
14. 在沙滩上日光浴,真是(　　　)的事。
15. 她给我寄来了一张(　　　)风光明信片。
16. 婚礼上,新郎新娘的脸上满是幸福的(　　　)。
17. 这次背包旅行,他虽然(　　　)了不少(　　　),但是收获很大。

二　分析每组词语的特点,找出共同点

1. 走廊　长廊　画廊　发廊
2. 垃圾桶　木桶　铁桶　水桶　饭桶
3. 牧场　农场　运动场　会场　体育场

三 词语连线：选择合适的搭配(可多选)

1. 获得　　　　A. 孩子
2. 养成　　　　B. 灯管
3. 拣起　　　　C. 自行车
4. 培养　　　　D. 赏识
5. 换　　　　　E. 习惯
6. 擦　　　　　F. 纸屑

四 解释下列成语

1. 光亮如新：_____
2. 多此一举：_____
3. 灯火通明：_____
4. 步履沉重：_____
5. 痛苦不堪：_____

合作学习

分成 6 个小组表演文章中的内容

要求：每组表演一段，一部分人表演有情节的部分，有一个人专门做"画外音"。

第六课　幸福专题

热身问题

1. 你觉得你是一个幸福的人吗？
2. 如果有人问你："幸福是什么？"你会怎么回答？

阅读

幸福是什么

> 提示：注意文章中的排比句
> 字数：456 字
> 时间：4 分钟

幸福，引用词典里的解释就是：使人心情舒畅的境遇和生活。

21 世纪，人们的生活在一天天变好，并不像 20 世纪 60 年代那样物质缺乏，但也许人们缺乏了一种心理感受，那就是：幸福。

幸福的感受因人而异，一千个人就有一千种感受：

对于口渴的人来说，能喝到水就是幸福；

对于饥饿的人来说，面包就是幸福；

对于父母来说，孩子健康可爱就是幸福；

对于孩子来说，父母的夸奖就是幸福；

对于老人来说，拥有年轻心态就是幸福；

对于农民来说，久旱逢甘霖就是幸福；

对于教师来说，桃李满天下就是幸福；

对于出门在外的人来说，家人的一个电话就是幸福；

对于回家晚归的人来说，自家窗口的一抹灯光在等着他就是幸福；

对于恋爱中的人来说:被你爱的人,也深深爱着你,那就是幸福。

……

如果以上各种说法都只是个人的、局部的感受,那么对于一个家庭来说,全家人身体健康、生活安逸就是幸福;对于一个国家来说,没有战争、没有内乱、拥有和平就是幸福。

幸福是什么?幸福是一种感觉,它是内心的充实和精神上的满足。

幸福是什么?也许就是你早上睁眼一看:啊!今天阳光真明媚!幸福原本如此简单。

(据2005年1月烛光、邹婷网络文章《幸福是什么》)

个人理解

1. 说到幸福这个话题,你有哪些联想?
2. 文中关于幸福的说法,你最同意哪一种?

阅读理解

一 根据课文内容回答问题

1. 字典中关于"幸福"的定义是什么?
2. 21世纪人们缺乏一种什么感受?
3. 幸福的感觉"因人而异"是什么意思?
4. 对于一个家庭来说,什么是幸福?
5. 对于一个国家来说,什么是幸福?

二　根据文章内容填写有关幸福的语句

1. 幸福的感受 _____，一千个人就有一千种感受。
2. 幸福是一种 _____，它是 _____。
3. 幸福原本 _____。

三　将相关的内容连接起来

人物	幸福感的来源
口渴的人	孩子健康可爱
饥饿的人	能喝到水
父母	父母的夸奖
孩子	面包
老人	自家窗口的一抹灯光
农民	互相爱对方
教师	久旱逢甘霖
出门在外的人	拥有年轻心态
回家晚归的人	家人的一个电话
恋爱中的人	桃李满天下

重点词汇

1. 引用	（动）	yǐnyòng	to quote; cite
2. 解释	（名）	jiěshì	explanation
3. 舒畅	（形）	shūchàng	happy; entirely free from worry
4. 境遇	（名）	jìngyù	circumstances
5. 物质	（名）	wùzhì	substance; material
6. 缺乏	（动）	quēfá	to be short of; lack
7. 感受	（名）	gǎnshòu	sentiment
8. 因人而异		yīnrén'éryì	have different feeling one by other
9. 饥饿	（形）	jī'è	hungry
10. 夸奖	（动）	kuājiǎng	to praise; commend

11. 心态	（名）	xīntài	mentality
12. 旱	（形）	hàn	drought; dry
13. 逢	（动）	féng	meet; encounter
14. 甘霖	（名）	gānlín	good soaking rain; timely rain
15. 桃李	（名）	táolǐ	peaches and plums—one's pupils or disciples
16. 归	（动）	guī	to return; go or come back
17. 抹	（量）	mǒ	*measure word for rays of sunlight or cloud*
18. 灯光	（名）	dēngguāng	lamplight
19. 恋爱	（动）	liàn'ài	to be in love
20. 局部	（名）	júbù	partial
21. 安逸	（形）	ānyì	leisurely; comfortable
22. 战争	（名）	zhànzhēng	war
23. 内乱	（名）	nèiluàn	civil strife; internal disorder
24. 和平	（名）	hépíng	peace
25. 充实	（形）	chōngshí	rich; without boring
26. 睁眼		zhēng yǎn	to open one's eyes
27. 明媚	（形）	míngmèi	bright and beautiful
28. 原本	（副）	yuánběn	originally
29. 如此	（代）	rúcǐ	like this; such

词汇练习

一 选词填空

（一）恋爱 夸奖 引用 缺乏 睁 逢 归 解释

1. 他写文章特别喜欢（　　）名人名言。
2. 你不用（　　），我理解你。
3. 听到大家的（　　），她觉得有些不好意思。
4. 由于（　　）经验，他没有得到这个工作。
5. 每（　　）佳节倍思亲。
6. 他每天早出晚（　　），非常辛苦。
7. （　　）中的人常常认为对方十全十美。
8. 每天早晨一（　　）开眼，他就看到母亲在忙着做早饭。

第六课 幸福专题

(二) 物质　感受　和平　心态　战争　局部　饥饿　境遇

1. 对于幸福,每个人有不同的(　　　)。
2. 他刚下岗,妻子又得了重病,在这种(　　　)下,他依然很乐观,让我佩服。
3. 他的(　　　)生活很富有,但是精神世界却很贫乏。
4. 人人都羡慕他总能保持良好的(　　　)。
5. 明天上午,北京(　　　)地区有小雨。
6. (　　　)给人民带来了无尽的痛苦。
7. 鸽子代表(　　　)。
8. 要睡觉的时候,他忽然感到(　　　)难忍,只好起来泡了一包方便面。

二　选择恰当的词语完成句子

1. 加菲猫喜欢(安逸 / 安心)的生活。
2. 你的理由很(充实 / 充分)。
3. 我喜欢春天(明媚 / 明亮)的早晨。
4. 在湖边散步,使我心情(舒畅 / 舒服)。
5. 空气太(旱 / 干)了,很多人都受不了了。
6. 我(原本 / 原因)不想把他的病情告诉他,可是他已经猜到了。
7. 原来(如此 / 如何)!

三　解释下列词句并说明用法

1. 因人而异:_____
2. 久旱逢甘霖:_____
3. 桃李满天下:_____

四　观察下列词语并猜测词义

1. 一抹阳光　　一缕阳光　　一道阳光
2. 灯光　日光　阳光　月光　星光　霞光

每人准备一张纸条,上边写一句"幸福是……",然后一一读出,并说明理由

一 片段练习

1. 写出字典上对于"幸福"的定义。
2. 摘抄课文中你最喜欢的关于幸福的句子。
3. 找出文中的排比句,并按照这样的方法再写出几个。

二 整体练习

400字作文:《幸福的感觉》或者《幸福是什么》

要求:

第一部分:引用字典解释或者别人的话。

第二部分:说明自己对幸福的理解(真实感受或者事例)。

第三部分:小结。

 相关链接 ▶▶▶▶

幸福指数

幸福是人们对生活满意程度的一种主观感受。所谓"幸福指数",就是衡量民众这种感受具体程度的主观指标数。"幸福指数"的概念起源于30多年前,最早是由不丹国王提出并付诸实践的。他认为"政策应该关注幸福,并应以实现幸福为目标",人生"基本的问题是如何在物质生活(包括科学技术的种种好处)和精神生活之间保持平衡"。

20多年来,在人均 GDP 仅为 700 多美元的南亚小国不丹,国民总体生活得较幸福。"不丹模式"引起了世界的关注。近年来,美国、英国、荷兰、日本等发达国家都开始了幸福指数的研究,并创设了不同模式的幸福指数。如果说 GDP、GNP 是衡量国富、民富的标准,那么,百姓幸福指数就可以成为一个衡量百姓幸福感的标准。百姓幸福指数与 GDP 一样重要:一方面,它可以监控经济社会运行态势;另一方面,它可以了解民众的生活满意度。可以说,作为最重要的非经济因素,它是社会运行状况和民众生活状态的"晴雨表",也是社会发展和民心向背的"风向标"。

英国"新经济基金"组织去年对全球178个国家及地区做了一次幸福排名,太平洋岛国瓦努阿图荣登冠军,中国排名第31位。世界发达国家的幸福指数反而不靠前,非洲国家平均成绩最不理想,包揽了最后10名中的7位,津巴布韦倒数第一。

(据2006年10月13日人民网弓长《何谓幸福指数》)

从这一课你学到了什么

1. _____
2. _____

综合练习(一)

第一部分：词语练习

一 选字组词

(浑、挥)身	专(提、题)	(壮、状)态	蹒(栅、跚)	(外、处)理
(返、反)回	(恢、灰)复	(考、夸)奖	行(史、驶)	(享、亨)受
珍(借、惜)	缺(泛、乏)	(换、挽)留	(切、彻)底	高(锋、峰)
身(景、影)	(署、暑)假	沙(漠、莫)	旅(余、途)	(密、秘)书
(碑、脾)气	思(淮、维)	(决、绝)对	告(辞、词)	依(喂、偎)
仿(拂、佛)	(恐、巩)怕	演(讲、进)	整(理、里)	退(休、体)
(党、赏)识	(拥、涌)有	抚(摸、模)	(埋、理)怨	任(物、务)
收(入、人)	数(量、里)	顾(容、客)	精(神、呻)	空(问、间)
(埋、理)由	呼(及、吸)	细(节、结)	(勇、永)气	心(态、太)
信(息、想)	局(部、步)	忧(瞅、愁)	(报、抱)怨	(嘲、潮)笑
安(尉、慰)	呵(斥、诉)	指(债、责)	目(的、地)地	
一(杀、刹)那		一(连、联)串		

二 选词填空

(一) 盛 拔 翻 醒 捂 掏 递 迎 逢 奔
    归 拦 夹 撬 溜 摸 捅 趴 愣 憋

1. 往墙上钉钉子很困难,(　　)钉子更不容易。
2. 走正门吧,(　　)墙过去会被罚款。
3. 雨越下越大,我正着急,有人(　　)给我一把雨伞。
4. 一下车,大家就(　　)向美丽的大海。
5. 被老板批评后,老张心里(　　)了一肚子气。
6. 我刚要发火,母亲(　　)住了我。
7. 每次吃饭,她都给母亲(　　)菜。
8. 注意,别让小偷(　　)了。

综合练习(一)

9. 我( )了一下妹妹的额头,发现她的头很烫。
10. ( )在桌子上写字对眼睛非常不好。
11. 吃饭时,一般是我给大家( )饭。
12. 洗衣服之前别忘了把兜里的东西( )出来。
13. 我刚进大厅,一个人就微笑着( )了上来。
14. 病人( )过来啦!
15. 他这样无礼地说话,就好像在父亲的心上( )了一刀。
16. 他总是讲鬼故事,我只好( )住耳朵不听。
17. 儿子考上了北大,母亲( )人便说,弄得儿子很不好意思。
18. 他的工作很辛苦,每天早出晚( )的。
19. 听了他的话,我一下子( )住了。
20. 钥匙丢了,我只好把锁( )开。

(二) 扇　顿　堆　抹

1. 快把这( )垃圾处理掉。
2. 他为了减肥,每天只吃一( )饭。
3. 快看天上的那一( )霞光,多美!
4. 屋子里的空气真不好,把这( )窗打开吧。

(三) 度过　傻　引用　隐藏　交代　造成　要求　解释
　　责怪　隔　适应　利用　修理　微笑　培养　意识
　　支付　控制　推荐　诉说

1. 今年夏天我不打算回国,我准备在中国( )一个特别的暑假。
2. 老板( )给我的几件事,我都办好了。
3. 请您再( )一下这个词的意思。
4. 虽然我很生气,但是我得( )住自己不要发火。
5. 我的家与学校就( )一条街。
6. 我想( )这个假期去当志愿者。
7. 父亲在一家汽车( )厂工作。
8. 老师( )我们阅读时不查字典。
9. 当我看到这个题目,我就( )到发挥我水平的时刻来到了。
10. 为了买这套房子,他( )了一百万元。
11. 在文章的末尾,我( )了李白的诗句。
12. 很多病毒( )在电脑里,怎么杀都杀不掉,真让人头疼。
13. 这件事在当地( )了很坏的影响。

14. 不要（　　）他，是我的错。
15. 眼看着飞奔而来的马车，这个孩子一下子（　　）了。
16. 我心里的烦恼不知道向谁（　　）。
17. 感谢母校对我的（　　）。
18. 我已经（　　）了这里的生活。
19. 我想读研究生，您可以当我的（　　）人吗？
20. （　　）是一个人最美丽的表情。

（四）窃窃　渐渐　同样　愤愤　缓缓　令　则　随

1. 天（　　）亮了，路上的车也多起来了。
2. 他（　　）转过身来，对我说了一句话。
3. 看他（　　）不平的样子，是不是受了谁的委屈？
4. 听了张经理的话，大家纷纷（　　）私语起来。
5. 大人的身体适应能力很强，婴儿（　　）不同。
6. 王教授正在等您，请（　　）我来。
7. 他的话（　　）在场的人大吃一惊。
8. 我们来自（　　）的国家。

三　词语连线：选择合适的搭配（不必一一对应）

（一）

1. 踩　　　A. 病
2. 患　　　B. 脚
3. 挥　　　C. 身
4. 熬　　　D. 钱
5. 磕　　　E. 粥
6. 转　　　F. 头
7. 喝　　　G. 树
8. 栽　　　H. 手
9. 摇　　　I. 胜
10. 挣　　　J. 眼
11. 抬　　　K. 夜
12. 睁
13. 植
14. 获

（二）

1. 发　　　A. 嗓子
2. 润　　　B. 零食
3. 吃　　　C. 脾气
4. 谋　　　D. 余地
5. 受　　　E. 恋爱
6. 留　　　F. 职位
7. 谈　　　G. 委屈
8. 哄　　　H. 喷嚏
9. 闯　　　I. 孩子
10. 拉　　　J. 苦头
11. 打　　　K. 红灯
12. 吃　　　L. 家常

四　选择恰当的词语完成句子

1. 我喜欢(安慰 / 安逸)的生活。
2. 我向你(保持 / 保证),明天一定完成任务。
3. 他的精神(负担 / 负责)很重,每天睡眠不好,所以有了黑眼圈。
4. 前方是路口,你怎么不(减少 / 减速)?
5. 鸽子象征(和平 / 和尚)。
6. 这支笔很(耐性 / 耐用)。
7. 她有一双(明亮 / 明媚)的大眼睛。
8. 这部小说的(情节 / 情形)非常吸引人,我一看就不能放下。
9. 生活(如此 / 如何)美妙,我们应该好好享受它。
10. 如果(伤害 / 伤口 / 伤痛)很疼的话,就吃一片止疼药。
11. 青年(时期 / 时尚)是人最宝贵的时光。
12. 请带好您的行李(物品 / 物质),按顺序下车。
13. 我们班男生女生各(沾 / 占)一半。
14. 这套房子的(租金 / 租期)是每月 1500 元。
15. 我是中央电视台科学教育频道的(忠告 / 忠实)观众。
16. 失去亲人的痛苦不是一般人能够(承受 / 接受)的。
17. 妈妈一再(叮嘱 / 嘟囔)我路上小心。
18. 你怎么(差别 / 区别)这两个词?
19. 我还要(赶 / 赶紧)路,所以就不多聊了。
20. 看了这部电影,我有很多(感恩 / 感受)。
21. 你怎么(看待 / 期待)把父母送进养老院的人?
22. 我对她的(机遇 / 境遇)很同情。

五　词语填空

百思不(　　)　　(　　)无聊赖　　不(　　)辛苦　　不声不(　　)
步履(　　)重　　成家(　　)业　　(　　)气蓬勃　　出人头(　　)
多此一(　　)　　灯火通(　　)　　大(　　)失色　　连锁反(　　)
荒无人(　　)　　光亮(　　)新　　好(　　)容易　　好说(　　)说
挥(　　)如雨　　莫名(　　)妙　　默默无(　　)　　泪如(　　)涌
没头没(　　)　　迷惑不(　　)　　添油加(　　)　　情不自(　　)
劈头盖(　　)　　破涕(　　)笑　　(　　)喘吁吁　　气(　　)败坏
隐隐(　　)(　　)　(　　)想不到　　因人而(　　)　　痛苦不(　　)
无可奈(　　)　　无人问(　　)

六 找出褒义词

悲哀	惨	充实	得意	恶劣	肥胖	饥饿	简陋	寂寞	坚强
谨慎	宽容	懒惰	魁梧	固定	红火	卖力	惬意	疲惫	熟悉
同情	完整	挺拔	舒畅	失望	迅速	兴奋	知足	自豪	悠闲
郑重	稳	暖洋洋

第二部分：阅读写作练习

一

一 阅读下列文章，根据内容将空白处填写出来（每个空格填1—2个字）

字数：457字

时间：4分钟

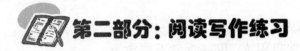

　　这件事情(1)在澳大利亚的一个度假村，那时我在那里当翻译。

　　有一天，我在大厅里看见一个满脸歉意的女工作人员，正在(2)一个大约4岁的小孩，那个小孩正在哭着。

　　问明原因之后，我才知道(3)那天小孩很多，这个女工作人员一时疏忽，在儿童的网球课结束后少算了一个，把这个小孩(4)在了网球场。(5)她发现人数不对时，赶快跑到网球场，把那个小孩带回来。小孩因为一个人在偏远的网球场受到惊吓，(6)哭得十分伤心。

　　不久，孩子的妈妈来了，看见了自己哭得满脸是泪的小孩。

　　(7)你是这个妈妈，你会怎么做？是骂那个女工作人员一顿，(8)直接向主管提出抗议，或是很生气地将小孩带走，再也不参加儿童俱乐部了？

　　都不是。

　　我(9)看见这个妈妈蹲了下来，安慰着自己4岁的小孩，并且告诉他："已经没事了。那个姐姐因为找不到你而非常紧张，并且十分难过，她不是(10)的，现在你必须亲亲那个姐姐的脸，安慰她一下。"

当时我看见那个4岁的小孩踮起脚尖,亲亲蹲在他身旁的女工作人员的脸,并且轻轻地告诉她说:"不要害怕,已经没事了。"

(11)这样的教育,才能培养出(12)、体贴的孩子。

(据《读者》2005年第5期吴铭文)

1	2	3	4	5	6
7	8	9	10	11	12

二 给文章划分段落,并且加一个你认为合适的题目

三 找出文章中的动词,说说它们在文章中的作用

四 词语连线:选择适当的搭配

1. 当　　　A. 抗议
2. 问明　　B. 翻译
3. 受到　　C. 原因
4. 提出　　D. 惊吓
5. 踮起　　E. 孩子
6. 培养　　F. 脚尖

五 把文章缩写为200字的短文

六 把文章扩写成800字的记叙文(注意时间、地点、人物行为和心理活动描写)

阅读下列短文后根据你的理解,结合自己的见闻、思考或感受等,写一篇作文,题目自拟,文体不限(诗歌除外),字数400—800字

材料一

春天到了。两颗种子躺在土里,开始了下面的对话。

第一颗种子说:"我要努力生长,我要向下生根,我要破土而出,让茎叶随风摇摆,歌唱春天的到来……我要感受太阳的温暖,还有开花的喜悦。"于是它努力向上生长。

第二颗种子说:"你真勇敢!可你不想想,你如果向下生根,也许会碰到硬石;你如果用力往上钻,土块会伤到你脆弱的茎;你如果长出幼芽,可能会被蜗牛吃掉;你如果开花结果,只怕小孩子看到会将你连根拔起。我看还是等情况安全一些时再做打算吧。"于是它继续躲在土里。

几天后,一只母鸡到地里找东西吃,结果,这第二颗种子糊里糊涂进了母鸡的肚子。

材料二

有两只老虎,一只从小居住在笼子里,一只从小生活在山林里。笼子里的老虎三餐无忧,山林里的老虎自由自在,可他们互相羡慕对方的安逸或自由。最后他们互换了位置,但不久两只老虎都死了。一只因饥饿而死,一只因忧郁而死。从笼子走出来的老虎获得了自由,却没有获得捕食的本领;走进笼子的老虎获得了安逸,却没有获得在狭小空间生活的心境。

第三部分:分享与反思

一 写出第1—6课中你觉得最有收获的十个句子

1.

2.

3.

4.

5.

6.

7.
8.
9.
10.

二 总结第1—6课的学习要点

课　目		要　点
第一课	生活经历	
第二课	情绪管理	
第三课	城市病	
第四课	小故事，大道理	
第五课	至爱亲情	
第六课	幸福专题	

三 朗读你最满意的一篇作文，与大家分享，请大家评析。找出自己需要改进的方面

第七课 读书时间

学习目的

1. 亲情故事：书与生活
2. 阅读技巧：书面语与口语表达的不同
3. 写作要求：
   (1) 介绍一本书
   (2) 用举例的方法进行说明

热身问题

1. 你喜欢看什么书？
2. 你喜欢看漫画吗？

阅读 一

《父与子》

提示：注意文章每段开头第一个句子
字数：597 字
时间：6 分钟

《父与子》是一本幽默漫画集。自问世近七十年以来，一代又一

第七课 读书时间

代人从中获得了快乐。每一个阅读过《父与子》的人，不论小孩或者大人，都无不为这一对从不安分、总得惹出点儿事来的父子俩由衷地发笑。

《父与子》为什么会获得人们如此喜爱呢？因为这本书中塑造的父子是一对可爱有趣的人物：他们善良、正直、真诚和宽容，懂得生活，又有幽默感；因为他们对生活中的奇遇或凡人小事，总是抱着乐观的态度、平和的心情，有时甚至显得很天真，化解矛盾，自寻其乐。我们每个人如果具有这样的幽默情趣与平和心态，生活中如何没有快乐呢？

人们喜欢《父与子》，还在于它是一本有趣的书。它的每一个故事，开头似乎都很平凡，但随着情节的展开，矛盾出现了，这时读者的兴趣也被调动起来了；而结局却往往出人意料，幽默而圆满，令人发出会心的微笑。这便是本书的魅力所在。看过本书的读者，一定忘不了父子俩的典型形象：脑袋扁圆、总穿一件马甲的父亲和一头乱发、小不点儿的儿子。

这本书的作者是德国画家卜劳恩。当他受出版社之托创作这套长篇漫画时，他天真无邪的儿子只有三岁。卜劳恩从儿子的身上，从他与儿子的深厚感情中，找到了《父与子》的形象和故事。可以这么说，《父与子》中有许多地方就是卜劳恩父子的写照。画家通过艺术加工，塑造出了幽默动人的艺术形象。

几十年来，《父与子》被译成多种语言版本，影响遍及世界。卜劳恩的漫画无需什么解释，大人小孩都能看懂。愿它能给你带来快乐和微笑。

(据《父与子·致读者》)

个人理解

1. 看了这个介绍,你是否对这本书产生兴趣?
2. 根据介绍,你对《父与子》有了什么样的印象?

阅读理解

一　根据课文内容选择正确答案

1.《父与子》是一本：
　　a. 书信集　　b. 小说　　c. 故事集　　d. 漫画集

2.《父与子》的作者是：
　　a. 德国人　　b. 中国人　　c. 美国人　　d. 韩国人

3.《父与子》的出版时间应该在：
　　a. 1970年　　b. 七十年以前　　c. 作者的儿子两岁时　　d. 作者去世时

4.《父与子》的主人公是：
　　a. 一头乱发的父亲和喜欢穿马甲的孩子
　　b. 总穿一件马甲的父亲和一头乱发的儿子
　　c. 脑袋扁圆的儿子和一头乱发的父亲
　　d. 总是一头乱发的父亲和小不点儿的儿子

二　下面哪一项内容没有被文章提到

1. 人们喜爱《父与子》的原因。
2. 父亲与儿子对生活的态度。
3.《父与子》的出版年月。
4.《父与子》主人公的典型形象。
5.《父与子》的原型。
6.《父与子》被翻译为多种译本。

三 读下列句子,注意画线部分的意义,比较这种书面语与口语表达的差别

1. <u>自</u>问世近七十年<u>以来</u>,它<u>使</u>一代又一代人从中<u>获得</u>快乐。
2. 每一个阅读过《父与子》的人,不论他是小孩或者大人,都<u>无不</u>为这一对从不安分、总得惹出点儿事来的父子俩<u>由衷</u>地发笑。
3. 《父与子》为什么会获得人们<u>如此</u>喜爱呢?
4. 有时甚至显得很天真,化解矛盾,<u>自寻其乐</u>。
5. 只要具有这样的幽默情趣与平和心态,生活中<u>如何</u>没有快乐呢?
6. 这<u>便</u>是本书的魅力<u>所在</u>。
7. 几十年来,《父与子》被译成多种语言版本,影响<u>遍及</u>世界。

重点词语

1. 漫画	(名)	mànhuà	caricature; cartoon
2. 问世	(动)	wènshì	(of a work) to be published
3. 安分	(形)	ānfèn	not go beyond one's bounds
4. 惹事	(动)	rěshì	to stir up trouble
5. 由衷	(副)	yóuzhōng	from the bottom of one's heart
6. 塑造	(动)	sùzào	to model; to portray
7. 正直	(形)	zhèngzhí	honest; fair-minded
8. 真诚	(形)	zhēnchéng	with all one's heart; sincere
9. 奇遇	(名)	qíyù	fortuitous meeting; happy encounter or adventure
10. 平和	(形)	pínghé	moderate; calm
11. 甚至	(副)	shènzhì	even; (go) so far as to
12. 化解	(动)	huàjiě	to resolve; settle (a dispute)
13. 矛盾	(名)	máodùn	contradiction; conflicting
14. 自寻其乐		zìxúnqílè	to make oneself pleased
15. 情趣	(名)	qíngqù	temperament and interests; emotional appeal
16. 似乎	(副)	sìhū	as if; it seems
17. 平凡	(形)	píngfán	ordinary; common
18. 展开	(动)	zhǎnkāi	to develop

19. 调动	（动）	diàodòng	to mobilize; actuate
20. 结局	（名）	jiéjú	final result; ending
21. 出人意料		chūrényìliào	exceed all expectations
22. 圆满	（形）	yuánmǎn	satisfactory; perfect
23. 会心	（形）	huìxīn	understanding; knowing
24. 魅力	（名）	mèilì	charm; fascination; enchantment
25. 典型	（形）	diǎnxíng	typical
26. 扁圆	（名）	biǎnyuán	oblate
27. 马甲	（名）	mǎjiǎ	a sleeveless garment
28. 创作	（动）	chuàngzuò	to create; write
29. 天真无邪		tiānzhēnwúxié	innocent
30. 深厚	（形）	shēnhòu	deep
31. 写照	（名）	xiězhào	portraiture; portray (a person or character)
32. 版本	（名）	bǎnběn	version
33. 遍及	（动）	biànjí	to extend (everywhere)

专有名词

卜劳恩(E.O.Plauen, 1903—1941)　　Bǔláo'ēn　　*name of an artist of Germany*

词汇练习

一　选词填空

（一）写照　矛盾　情节　漫画　情趣
　　　创作　结局　魅力　版本　奇遇

1. 虽然这是一幅（　　），可是谁都能看出画的是谁。
2. 他正在给大家讲他在非洲旅行时的（　　），大家听得入了迷。
3. 他们俩又闹（　　）了,快去劝劝他们。
4. 他是个很有生活（　　）的人,大家都喜欢和他交往。
5. 功夫片的（　　）往往很紧张。
6. 这个电视剧的（　　）出人意料。

7. 在我的眼中,中国的瓷器非常有(　　　)。
8. 这部长篇小说(　　　)于 2005 年。
9.《一个也不能少》这部电影是农村失学儿童生活的真实(　　　)。
10.《红楼梦》被翻译成多种文字,已经不知道有多少(　　　)了。

(二) 塑造　调动　问世　惹事　遍及
　　　展开　会心　无须　似乎　甚至

1. 自小说(　　　)以来,深受年轻人的欢迎。
2. 男孩子总是比女孩子爱(　　　)。
3. 好演员(　　　)的艺术形象不会因为时间的流逝而被人淡忘。
4. 小说的精彩开头把我的好奇心(　　　)起来了。
5.《哈里·波特》的影响(　　　)全世界。
6. 听了女儿的话,夫妻俩的脸上露出了(　　　)的微笑。
7. 随着故事情节的(　　　),主要人物都一一出现了。
8. 他是个网虫,(　　　)三餐都不离开电脑。
9. 看她的表情,(　　　)不认识照片上的这个人。
10. 你们(　　　)多说,我已经原谅他了。

(三) 圆满　安分　宽容　真诚　正直　平凡
　　　平和　天真　深厚　典型　由衷

1. 不(　　　)的孩子常常有特别的发现。
2. 他是个(　　　)的律师,不会答应你们这个过分的要求。
3. 人与人之间(　　　)最重要。
4. 我对他说了那么不客气的话,他还是(　　　)地原谅了我。
5. 现在让我们举杯,庆祝我们的会议(　　　)成功!
6. 他是(　　　)的南方人。
7. 看着孩子(　　　)的表情,我不敢把事情的真相告诉他。
8. 四年的大学生活使我们结下了(　　　)的友情。
9. 许多(　　　)的小事中有着不一般的道理。
10. 现代人最缺少的是(　　　)的心态。
11. 听说他考上了博士,我(　　　)地为他高兴。

二 词语搭配(可以多选)

1. 会心的　　　　　A. 感情
2. 深厚的　　　　　B. 微笑
3. 真实的　　　　　C. 态度
4. 圆满的　　　　　D. 写照
5. 动人的　　　　　E. 心态
6. 平和的　　　　　F. 形象
7. 乐观的　　　　　G. 结局

三 词语填空

出人（　）料　　（　）默动人　　天真无（　）　　自寻其（　）　　化解（　）盾

合作学习

欣赏《父与子》：找来《父与子》漫画集，四人一组，每组选出最喜欢的一幅漫画，四人依次描述漫画中的各部分内容，请其他小组成员听，然后展示漫画。评价哪一组描述得最精彩。

热身问题

1. 你有读书的习惯吗?
2. 你最近一次读一本新书是什么时候?

阅读 二

每天读十五分钟

 提示：注意文章的结构

字数：847 字

时间：8 分钟

假定你是一个中等水平的读者，你可以以每分钟 300 字的速度读一本一般性的书籍，十五分钟就能读 4,500 字，一周七天读 31,500 字，一个月是 126,000 字，一年的阅读量可以达到 1,512,000 字。而书籍的篇幅从 60,000 字到 100,000 字不等，平均起来大约 75,000 字。每天读十五分钟，一年就可以读二十本书。

这个数目非常可观，然而却并不难实现。

威廉·奥斯罗是当代最伟大的内科医生之一。他的医学教科书培养出了无数的医生。人们认为，他的杰出成就不仅是由于他有着渊博的医学知识，而且因为他具有丰富的一般知识。他对人类的杰出成就和思想成果很感兴趣，而且知道要了解这些的唯一方法就是读前人写下的东西。但是，他有着一般人都有的困难，而且困难要更大。他不仅是工作繁忙的内科医生，在医学院任教，同时还是医学研究专家。除了吃饭、睡觉、上厕所的几个小时以外，他一天二十四个小时中所有其他时间都被上述三项工作占去了。

奥斯罗很早就想出了解决这个问题的办法。他把每天睡觉前十五分钟用来读书。一旦规定自己这么做,在整个一生中就再不破例。

在奥斯罗的一生中,他读了数量相当可观的书籍。他极好地解决了我们每一个繁忙的人以为不易解决的问题——如何才能找到时间读书。

其实并非一定要在睡觉前十五分钟读书。这十五分钟或许是一天的其他什么时间。即使在排得最满的时间表中,大概也会有不止十五分钟的空余时间在什么地方藏着。我们大家每天都要等吃饭,等坐车,等看病,等理发,等电话,等约会,等待演出开始,或是等待别的什么事情发生。在这些时间里,我们可以找到每天阅读用的十五分钟,甚至不止十五分钟。

找出自己的每天十五分钟并不难,唯一需要的是读书的决心。有了决心,不管多忙,你一定能找到这十五分钟。同时,一定要手边有书。一旦开始阅读,这十五分钟里的每一秒都不应该浪费。事先把要读的书准备好,穿衣服的时候就把书放在衣袋里,床头放上一本书,洗澡间放上一本,饭桌旁边也放上一本。这样你一定会每天读十五分钟书。这意味着你将一周读半本书,一个月读两本,一年读二十本,一生读一千本或者超过一千本。

这是一个简单易行的博览群书的办法。

(据《中国社会报》2005年12月23日路易斯·绍尔斯文)

个人理解

1. 读了这篇文章你有什么联想?
2. 你觉得文章中的方法是否可行?

阅读理解

一 下列哪种说法可以概括全文的内容

1. 威廉·奥斯罗的故事。
2. 一个简单易行的博览群书的办法。
3. 如何才能找到读书的时间。
4. 读书的决心最重要。
5. 人们浪费了很多等待的时间。

二 根据课文回答问题

1. 为什么说一个中等水平的读者一年可以读二十本书？
2. 威廉·奥斯罗是什么人？
3. 威廉·奥斯罗的成就是什么？
4. 为什么说威廉·奥斯罗比一般人的困难更大？
5. 威廉·奥斯罗找到了什么样的读书方法？
6. 如何做到"每天读书十五分钟"？

三 根据课文内容判断正误

☐ 1. 中等水平的读者一分钟可以读300字。
☐ 2. 一年读二十本书很难实现。
☐ 3. 威廉·奥斯罗是当代最伟大的内科医生之一。
☐ 4. 威廉·奥斯罗不仅有着渊博的医学知识，而且具有丰富的一般知识。
☐ 5. 威廉·奥斯罗认为要了解人类杰出成就的唯一方法就是读前人写下的东西。
☐ 6. 威廉·奥斯罗的读书习惯是每天睡觉前读十五分钟。
☐ 7. 读书的决心比找出读书的十五分钟更重要。
☐ 8. 睡觉前十五分钟读书是最好的方法。

四 体会下列画线部分的书面语意义，比较其口语表达法的不同

1. <u>假定</u>你是一个中等水平的读者，你可以<u>以</u>每分钟300字的速度读一本<u>一般性</u>的书籍，
2. 人们认为，他的杰出成就不仅是<u>由于</u>他有着渊博的医学知识，而且因为他<u>具有</u>丰富的一般知识。

3. 他<u>不仅</u>是工作繁忙的内科医生,在医学院<u>任</u>教,<u>同时</u>还是医学研究专家。
4. 除了吃饭、睡觉、上厕所的几个小时以外,他一天二十四个小时中所有其他时间都被<u>上述</u>三项工作占去了。
5. <u>一旦</u>规定自己这么做,在整个一生中就再不破例。
6. 他极好地解决了我们每一个繁忙的人以为不易解决的问题——如何才能找到时间读书。
7. 这是一个简单易行的<u>博览群书</u>的办法。

 重点词语

1.	假定	(动)	jiǎdìng	to suppose
2.	书籍	(名)	shūjí	books; works
3.	篇幅	(名)	piānfú	length (of a piece of writing)
4.	平均	(动)	píngjūn	average
5.	数目	(名)	shùmù	number; amount
6.	可观	(形)	kěguān	considerable; impressive
7.	实现	(动)	shíxiàn	to realize; come true
8.	内科	(名)	nèikē	internal medicine; medical department
9.	杰出	(形)	jiéchū	outstanding; remarkable
10.	成就	(名)	chéngjiù	accomplishment; success
11.	渊博	(形)	yuānbó	broad and profound; erudite
12.	人类	(名)	rénlèi	human beings; mankind
13.	思想	(名)	sīxiǎng	thought; thinking
14.	成果	(名)	chéngguǒ	result; achievement
15.	繁忙	(形)	fánmáng	busy; bustling
16.	任教	(动)	rènjiào	to teach; be a teacher
17.	上述	(名)	shàngshù	above-mentioned
18.	一旦	(副)	yīdàn	in case (something happens); once
19.	规定	(动)	guīdìng	to provide; formulate
20.	破例	(动)	pòlì	to break a rule; make an exception
21.	解决	(动)	jiějué	to solve; settle

22. 秒	（名）	miǎo	second
23. 浪费	（动）	làngfèi	to waste
24. 意味着	（动）	yìwèizhe	signify; mean; imply
25. 超过	（动）	chāoguò	to be more than; exceed
26. 简单易行		jiǎndānyìxíng	simple and practical; easily doing
27. 博览群书		bólǎnqúnshū	well-read

专有名词

| 威廉·奥斯罗 | Wēilián Àosīluó | name of a doctor |

词汇练习

一 选词填空

（一）成就　书籍　秒　内科　篇幅　数目　思想　成果　人类

1. 图书馆的三层有外文（　　　），你可以去那里借英文原著。
2. 这篇文章的（　　　）不长，可是很难看懂。
3. 1万块可不是一个小（　　　）。
4. 得了感冒应该去看（　　　）。
5. 历史上的许多伟大的（　　　）都是在前人的基础上获得的。
6. （　　　）是如何出现的？
7. 孔子是中国伟大的（　　　）家。
8. 新的医学研究（　　　）已经找到了治疗这种病的办法。
9. 他的百米成绩是12（　　　）88。

（二）简单易行　渊博　规定　可观　繁忙
　　　超过　杰出　破例　意味着　解决　浪费

1. 达尔文是（　　　）的科学家。
2. 这位教授的魅力在于具有（　　　）的知识和幽默的性格。
3. 他工作十分（　　　），常常连周末都加班。
4. 这三年的工作使他得到了一笔（　　　）的收入。
5. 按照（　　　），考试期间必须关闭手机。

6. 经理从来不喝酒,今天(　　　)喝了一杯。
7. 经过大家的共同努力,问题终于得到了(　　　)。
8. (　　　)时间就等于(　　　)生命。
9. 他这样做就(　　　)放弃了这次比赛。
10. 我们学院的留学生已经(　　　)了400人。
11. 这是一个(　　　)的方法,我同意。

(三) 培养　假定　任教　一旦　上述　占　实现　平均

1. 每个人都希望(　　　)自己的梦想。
2. (　　　)一个大学生是一件多么不容易的事啊。
3. 对于(　　　)三种意见,请大家谈谈自己的看法。
4. 我们班女生(　　　)三分之一。
5. 不要在山上抽烟,(　　　)着起火来,后果无法想象。
6. (　　　)你的生命还剩下三天时间,你最想做的是什么?
7. 我(　　　)每个月游两次泳。
8. 两年以来,他一直在我们学校(　　　)。

二　解释下列词语

1. 简单易行:＿＿＿＿＿＿＿＿＿＿＿＿＿＿＿＿＿＿＿＿＿＿＿＿＿
2. 博览群书:＿＿＿＿＿＿＿＿＿＿＿＿＿＿＿＿＿＿＿＿＿＿＿＿＿
3. 任教:＿＿＿＿＿＿＿＿＿＿＿＿＿＿＿＿＿＿＿＿＿＿＿＿＿＿＿
4. 杰出:＿＿＿＿＿＿＿＿＿＿＿＿＿＿＿＿＿＿＿＿＿＿＿＿＿＿＿
5. 破例:＿＿＿＿＿＿＿＿＿＿＿＿＿＿＿＿＿＿＿＿＿＿＿＿＿＿＿

三　词语连线:选择合适的搭配

1. 渊博的　　　　　　A. 数量
2. 可观的　　　　　　B. 知识
3. 排得很满的　　　　C. 方法
4. 简单易行的　　　　D. 时间
5. 一般性的　　　　　E. 成就
6. 空余的　　　　　　F. 时间表
7. 杰出的　　　　　　G. 书籍

第七课 读书时间

小采访

采访主题：阅读习惯和阅读量

调查对象：同学、朋友或者家人

要求：设计小问题，然后进行调查，总结并分析调查结果，在班上汇报。

参考题目

1. 你最近读一本新书是什么时候？
2. 你五年内读的书是什么？
3. 你有什么读书习惯？（比如睡觉前读书、周末读书、从不阅读、有空就看书等等）

一 片段练习

(一) 用加点的词语模仿写作

《父与子》是一本幽默漫画集。自问世近七十年以来,它使一代又一代人从中获得快乐。每一个阅读过《父与子》的人,不论他是小孩或者大人,都无不为这一对从不安分、总得惹出点儿事来的父子俩由衷地发笑。

(二) 给下边的段落填上合适的词语后熟读,并且把"你"换成"我",模仿写作

找出自己的每天十五分钟并不难,(　　　)需要的是读书的决心。有了决心,(　　　)多忙,你一定能找到这十五分钟。(　　　),一定要手边有书。(　　　)开始阅读,这十五分钟里的(　　　)一秒都不应该浪费。(　　　)把要读的书准备好,穿衣服的时候就把书放在衣袋里,床头放上一本书,洗澡间放上一本,饭桌旁边也放上一本。这样你一定会每天读十五分钟书。这意味着你(　　　)一周读半本书,一个月读两本,一年读二十本,一生读一千本(　　　)超过一千本。

二 整体练习

400—600字作文:介绍一本书。

要求:分成四部分

1. 内容简介。
2. 介绍作者或者出版情况。
3. 你喜爱这本书的原因。
4. 结束语。

 相关链接 ▶▶▶▶

找一本《父与子》来看,并在网上搜索有关《父与子》的介绍和评价

从这一课你学到了什么

1. _____

2. _____

第八课 启 事

学习目的

1. 内容提示：寻物启事、招领启事与招聘启事
2. 阅读技巧：抓住主要信息
3. 写作要求：启事的写法

热身问题

1. 你写过寻物启事吗？
2. 不查字典，猜猜"心急如焚"的意思。

阅读 一

寻物启事与招领启事

 提示：注意格式；找出代表每组主要信息的词语或句子

字数：641字

时间：6分钟

第八课　启事

(一) 寻物启事

寻物启事

　　因本人不慎，今天上午在第五食堂将一白色钱包遗失，内有身份证、信用卡等。如有人发现或拾到，请与张先生联系。电话：13717777888。非常感谢！

失主
2006年12月6日

寻物启事

　　本人昨天晚上在观看电影时，不慎将一手提包遗失在座位上。哪位好心的朋友拣到，请与本人联系(手机号码：13693134234)，本人将不胜感激！

失主：叶荷
6月8日

寻物启事

　　本人今天坐在湖边长椅上晒太阳时，因接到一个紧急电话，匆忙离开，不慎将一台笔记本电脑遗失在座椅上。由于电脑中有毕业论文和大量宝贵资料，本人心急如焚。请知情者速与本人取得联系，联系电话：13111234567。必有重谢！

焦急的失主：林飞
07年2月1日

(二)招领启事

招领启事

我们在阅览室拣到钱包一个,内有现金若干,请失主前来认领。

阅览室王老师
3月8日

失物招领

11日赛后,我们在观众席上拾到一黑色女士手提包,内有护照和钱包等物。请失主到管理处认领。

体育馆管理处
4月16日

(三)大学寻物启事花样多

字数:255字
时间:3分钟

校园里的公寓楼门口、餐厅前、海报栏等人流量大的地方,各种各样的寻物启事随处可见。为了找回丢失的心爱之物,大学里的马虎一族们真是费尽了心思,一个个寻物启事写得五花八门,新奇多样。

浪漫型:"不能没有你!你是我生命中的唯一!你快回来,把我的思念带回来,我的饭卡……"

可怜型:"SOS!没有你我可怎么活?求好心人可怜可怜我吧,我已经几天没吃饭了……"

悬赏型:"有将我在自习室丢失的CD捡到归还者,必有重

第八课　启事

谢……"
　　……

　　寻物启事虽然写得吸引人，但是由于各方面的原因，真正能找回失物的只是少数。因此，我们还是要提醒大学生们妥善保管自己的财物。

（据 2004 年 9 月 25 日千龙网谢国信网络帖子）

个人理解

1. 读了以上启事和文章，你有哪些联想？
2. 如果让你写寻物启事，你喜欢哪种类型？

阅读理解

一　根据三个寻物启事的内容填写下表

	丢失物品名称	物品特点	丢失时间	丢失地点	失主	联系方式
启事 1						
启事 2						
启事 3						

二　根据课文内容回答问题

1. 如果丢了东西，启事的标题应该写什么？
2. 如果拣到东西，启事的标题应该写什么？
3. 大学里的寻物启事有哪些花样？
4. 文章的作者提醒大学生们什么？

三 从课文中找出符合下列意思的句子,注意其书面语表达方式

1. 里边有一些现金。
2. 由于我自己不小心……
3. 我会非常非常感谢你!
4. 如果哪个人知道情况,请快快和我联系!
5. 我一定要好好地谢谢你!
6. 请丢东西的人快来看看是不是你的东西,如果是就可以领走。

四 解释画线部分的意思

1. 因<u>本人</u>不慎,今天上午在第五食堂<u>将</u>一白色钱包丢失。
2. 如有哪位好心的朋友拣到,请与本人联系(手机号码:13693134234),本人<u>将不胜感激</u>!
3. 由于电脑中有毕业论文和大量宝贵资料,本人<u>心急如焚</u>。
4. 公寓楼门口、餐厅前、海报栏等人流量大的地方,各种各样的寻物启事<u>随处可见</u>。
5. 为了找回丢失的心爱之物,大学的<u>马虎一族</u>们在寻物启事上真是<u>费尽了心思</u>。
6. 一个个寻物启事写得<u>五花八门</u>,新奇多样。
7. 不能没有你,<u>你是我生命中的唯一</u>。

重点词语

1. 寻	(动)	xún	to look for; search
2. 启事	(名)	qǐshì	notice; announcement
3. 不慎		bú shèn	incautious
4. 信用卡	(名)	xìnyòngkǎ	credit card
5. 拾	(动)	shí	to pick up; collect
6. 失主	(名)	shīzhǔ	owner of lost property
7. 手提包	(名)	shǒutíbāo	handbag
8. 遗失	(动)	yíshī	to lose
9. 拣	(动)	jiǎn	to pick up; collect

第八课 启事

10.	不胜感激		búshènggǎnjī	be very much obliged; be deeply grateful
11.	紧急	（形）	jǐnjí	urgent; critical
12.	匆忙	（形）	cōngmáng	hasty; hurried
13.	宝贵	（形）	bǎoguì	valuable; precious
14.	心急如焚		xīnjírúfén	burn with impatience or anxiety
15.	知情者	（名）	zhīqíngzhě	the person who knows the facts of the case or the details of an incident
16.	速	（形）	sù	fast; quick
17.	重谢		zhòng xiè	express thankfulness in a serious way
18.	焦急	（形）	jiāojí	anxious; worried
19.	招领	（动）	zhāolǐng	to announce the finding of lost property
20.	阅览室	（名）	yuèlǎnshì	reading room
21.	若干	（代）	ruògān	a few; several
22.	认领	（动）	rènlǐng	to claim (an object)
23.	观众席	（名）	guānzhòngxí	seats of audience; auditoria
24.	管理	（动）	guǎnlǐ	to supervise; to manage
25.	花样	（名）	huāyàng	variety; pattern
26.	公寓	（名）	gōngyù	apartment
27.	海报栏	（名）	hǎibàolán	billboard; the place of posting notice
28.	人流	（名）	rénliú	stream of people
29.	随处可见		suíchùkějiàn	easily seeing everywhere
30.	费心思		fèi xīnsi	to take a lot of trouble; think a lot
31.	五花八门		wǔhuābāmén	multifarious; of a wide or rich variety
32.	唯一	（形）	wéiyī	single; only
33.	悬赏	（动）	xuánshǎng	to offer (or post) a reward
34.	归还	（动）	guīhuán	to return; give back
35.	提醒	（动）	tíxǐng	to remind; alert to
36.	妥善	（形）	tuǒshàn	appropriate; well arranged
37.	保管	（动）	bǎoguǎn	to take care of; store and manage
38.	财物	（名）	cáiwù	property; belongings

词汇练习

一 选词填空

（一）唯一　宝贵　随处可见　五花八门
　　　花样　若干　心急如焚　妥善

1. 他做菜很拿手，光用豆腐就可以做出很多种（　　　）。
2. 到了车站，没有见到要接的人，他（　　　）。
3. 我们拣到钱包一个，内有人民币（　　　），请失主前来认领。
4. 现在卖的保健品（　　　）的，你不能随便相信。
5. 请（　　　）保管好自己的财物。
6. 我喜欢安静，不爱社交，书就是我（　　　）的朋友。
7. 时间对于每个人来说都非常（　　　）。
8. 大街上，小广告（　　　），非常影响城市的形象。

（二）遗失　拾　提醒　归还　悬赏　管理

1. 上楼的时候，我（　　　）到一个钱包。
2. 由于匆忙，他把手机（　　　）在出租车上了。
3. 公园（　　　）处的人们正在开会讨论工作中的问题。
4. 公安局（　　　）一万元捉拿凶手。
5. 拾到的物品应该（　　　）失主。
6. 我收到了图书馆的（　　　）邮件，我的书到期了，得去续借一下。

二 选择恰当的词语完成句子

1. 考试结束了，我们都在（紧急／焦急）地等待结果。
2. 我非常（重谢／感谢）帮助过我的朋友们。
3. 请（保管／保护）好大门的钥匙。
4. 正在上课的时候，我的手机突然响起来，我（匆忙／急忙）把它关掉。
5. 我喜欢吃（速／快）冻饺子。
6. 我们要爱护公共（财物／财产）。
7. 我们拾到一个MP4，请失主前来（认领／招领）。
8. 手机丢了，我写了一个（寻／找）物启事贴在楼道内。

三　填上合适的词语，注意搭配（可以写1个以上）

　　心爱的（　　　　　）　　新奇的（　　　　　）
　　好心的（　　　　　）　　宝贵的（　　　　　）
　　紧急的（　　　　　）　　五花八门的（　　　　　）

合作学习

分组寻找校园内或其他地方的启事，最好能拍下来，然后在课堂上向大家介绍

热身问题

1. 什么是招聘启事？
2. 招聘启事上至少应该有哪些方面的内容？

阅读 二

招聘启事

（一）《讽刺与幽默》招聘启事

提示：注意格式
字数：264字
时间：3分钟

　　《讽刺与幽默》创刊于1979年，是中国新闻界最早、最有影响力的漫画类报纸。为适应时代发展需要，《讽刺与幽默》将进行全面改版。现诚聘编辑6名（文字编辑4名，美编2名），具体要求如下：

　　一、大学本科以上学历，年龄35岁以下。

　　二、有敬业精神。

　　三、身体健康，性格开朗。

　　四、文字编辑要求有两年以上媒体工作经验。中文、新闻专业毕业生优先。

　　五、美编要求有较强的手绘能力，能熟练使用PHOTOSHOP、飞腾排版等软件；美术专业毕业生优先。

　　有意者请将身份证、学历证书（复印件）及个人简历（附近照)寄至:北京市金台西路2号《讽刺与幽默》办公室。
邮编:100733

(请在信封上注明"应聘")

(二)北大法律信息网招聘启事

字数:198字
时间:2分钟

2006年2月10日

　　本公司为适应发展需要,诚招法律翻译1名,负责中国法律信息的中译英工作。

　　具体要求:

　　一、35岁以下。

　　二、本科及以上学历,英语及相关专业。

　　三、两年以上翻译经验,从事过汉英法律翻译者优先。

　　四、能从事口译者优先考虑。

　　具有相关工作经验和资格证书者优先。薪金面议。有意者请将简历照片通过电子邮件发送或寄至人力资源部。应届毕业生应附成绩单。恕不接受来电来访。

　　联系方式:

　　北京北大太平洋科技发展中心14层人力资源部

　　电话:010—82668266 转139

　　Email:geyan@chinalawinfo.com

个人理解

1. 从上边的两个招聘启事可以看出什么共同点？
2. 这两个招聘启事的写法与你们国家的招聘启事写法是否相同？

阅读理解

一 关于《讽刺与幽默》，下列哪种说法不正确

1. 创刊于1979年。
2. 是中国新闻界最早的漫画类报纸。
3. 报社将招聘记者。
4.《讽刺与幽默》将进行全面改版。

二 根据《讽刺与幽默》招聘启事的内容选择正确答案（可以多选）

1.《讽刺与幽默》要招聘哪类人员？
　　a. 文字编辑　　b. 美编　　c. 办公室接待人员　　d. 计算机人员

2.《讽刺与幽默》对应聘者的哪些方面没有要求？
　　a. 年龄　　b. 学历　　c. 身高　　d. 性别
　　e. 健康情况

3.《讽刺与幽默》对于哪些人优先考虑？
　　a. 中文专业　　b. 新闻专业　　c. 美术专业　　d. 外语专业

4.《讽刺与幽默》的应聘者需要准备什么材料？
　　a. 身份证　　b. 学历证书　　c. 简历　　d. 照片
　　e. 身体检查证明

三 根据北大法律信息网招聘启事判断下列说法是否正确

□　1. 公司招聘的原因是为了适应发展需要。

☐ 2. 公司招聘法律编辑 1 名。
☐ 3. 年龄要求 35 岁以上。
☐ 4. 学历不限。
☐ 5. 专业不限,但最好是英语及相关专业。
☐ 6. 必须有两年以上翻译经验,从事过汉英法律翻译。
☐ 7. 能从事口译者优先考虑。
☐ 8. 具有相关工作经验和资格证书者优先。
☐ 9. 工资待遇面议。
☐ 10. 材料必须亲自送到人力资源部。
☐ 11. 应届毕业生应提供成绩单。

四 解释下列各句

1.《讽刺与幽默》创刊于 1979 年。
2. 美术专业毕业生优先。
3. 公司为适应发展需要,诚招法律翻译 1 名。
4. 薪金面议。
5. 有意者请将简历照片通过电子邮件传送或寄至人力资源部。
6. 恕不接受来电来访。

重点词语

1. 讽刺	（动）	fěngcì	to satirize; mock
2. 创刊	（动）	chuàngkān	to start publication
3. 新闻界	（名）	xīnwénjiè	the press; the media
4. 诚	（形）	chéng	sincere
5. 编辑	（名）	biānjí	editor
6. 美术	（名）	měishù	fine arts; painting
7. 敬业	（动）	jìngyè	to dedicate oneself to work; respect work
8. 开朗	（形）	kāilǎng	open and clear; optimistic
9. 媒体	（名）	méitǐ	(news) media
10. 优先	（动）	yōuxiān	preponderant

11. 绘	(动)	huì	to paint; draw
12. 熟练	(形)	shúliàn	skilled; skillful
13. 排版	(动)	páibǎn	composing
14. 软件	(名)	ruǎnjiàn	computer software; software
15. 有意	(动)	yǒuyì	have a mind to; have interest in
16. 证书	(名)	zhèngshū	certificate; testimonial
17. 邮编	(名)	yóubiān	zip code
18. 注明	(动)	zhùmíng	to indicate clearly; note clearly
19. 适应	(动)	shìyìng	to suit; adapt to
20. 从事	(动)	cóngshì	to pursue; go in for
21. 资格	(名)	zīgé	qualifications; seniority
22. 薪金	(名)	xīnjīn	salary; pay
23. 面议	(动)	miànyì	to discuss face to face
24. 人力资源		rénlì zīyuán	human resource
25. 应届	(形)	yīngjiè	current; this year's
26. 恕	(动)	shù	to forgive; pardon

词汇练习

一 选词填空

（一）信息 编辑 资格 证书 媒体 漫画 软件

1. 具有教师（　　）证书的人才可以当老师。
2. 《父与子》是一部（　　）集。
3. 出版社的（　　）们今天都去参加图书博览会了。
4. 最近新闻（　　）都在报道关于张艺谋的新电影。
5. 最近电脑病毒很厉害，得赶紧买个杀毒（　　）装上。
6. 进入中国大学本科学习的外国留学生需要 HSK 的 6 级（　　）。
7. 现在是（　　）时代，不懂电脑怎么行？

（二）开朗 有意 优先 诚 讽刺 恕 注明 负责 应届 从事

1. 他是（　　）心（　　）意来向你道歉的，你快原谅他吧。
2. 他好像（　　）让我知道这事，你说这是为什么？

3. 弟弟很内向,姐姐反而很(　　　)。
4. 很多学校希望有教学经验的人当老师,不太欢迎(　　　)毕业生。
5. 女士(　　　)。
6. 他虽然做得不好,可是你也别(　　　)他啊。
7. 你看,药品的包装上已经(　　　)了"外用"两个字。
8. 这件事是我(　　　)的,与他无关,你们有什么问题请和我谈吧。
9. 每个人应该热爱自己(　　　)的工作。
10. 我还有事,(　　　)不远送。

二　选择恰当词语完成句子

1. 她买了一个漂亮的手(绘 / 画)手帕。
2. 来这里已经半年了,可是我对这里的气候还是不太(适合 / 适应)。
3. 春节有客人(来访 / 访问),所以我不打算出远门。
4. 他包饺子很(熟悉 / 熟练),不一会儿就全包完了。
5. 上个周末我去了一趟中国工艺(美术 / 艺术)馆。

三　词语联想

1. 证书：
2. 新闻界：
3. 媒体：
4. 敬业：

四　写出对应的词语

1. 招聘——
2. 有意——
3. 开朗——
4. 全面——
5. 健康——

合作学习

1. 买一期《讽刺与幽默》报纸来看,找出一个你喜欢的内容与大家分享。
2. 从报纸杂志上找几个招聘启事,分组表演应聘面试情况。

写作部分

寻物启事模板

> **寻物启事**
>
> 　　因本人不慎,在……(时间地点)将……遗失。请拾到者(速)与……联系。联系方式:……。非常感谢(必有重谢/不胜感激/万分感激)!
>
> 　　　　　　　　　　　　　失主(或者失主姓名)
> 　　　　　　　　　　　　　　(年) 月　日

注:不论用什么方式写寻物启事,都离不开最基本的几个要点:
　　失物名称、形状或特点、丢失时间、丢失地点、联系方式。

招领启事模板

> **失物招领(或招领启事)**
>
> 　　在……(时间),我(们)在……拾到……。请失主(速)到……认领(或与……联系)。
>
> 　　　　　　　　　　　　　(拾到物品人的名字或称呼)
> 　　　　　　　　　　　　　　(年) 月　日

注:招领启事的内容和寻物启事是对应的,但不必详细描述物品名称。最重要的是要写清楚领取失物的地点或者自己的联系方式。

第八课 启事

一 根据情景写作

1. 早晨去水房洗脸时,把母亲为你买的手表忘在了水池边。中午才想起来,可是已经不见了。请写一个启事贴在水房的墙上。
2. 上课的时候把电子词典放在座位里,下课后忘记拿走了。第二天发现词典不见了,于是你写一个启事贴在教学楼内。
3. 你在自习教室拣到一个钱包,里边还有一张火车票。请写一个失物招领启事。
4. 根据阅读一中第三个寻物启事的内容,假设你在湖边散步时看见了椅子上的那个笔记本电脑,写一个招领启事。

二 选作

根据阅读二的内容写一份应聘材料(包括个人简历)。

招聘启事实例

从这一课你学到了什么

1. _____

2. _____

第九课　提示与告示

学习目的

1. 内容提示：生活中常见提示及告示
2. 阅读技巧：熟悉正规场合表达用语
3. 写作要求：正规场合书面语的运用

热身问题

你见过的印象最深的标牌是什么？

阅读 一

提　示

提示：注意正规表达用语
 字数：共393字
时间：4分钟

吸烟有害健康。

——各类香烟

勿一口吞食，三岁以下儿童不宜食用，老人儿童须监护下食用。

——喜之郎果冻

加热时请勿直接置于炉子明火上或微波炉内，以免罐头破裂。

——午后红茶

贮藏方法：宜放置于干爽阴凉处，避免高温、阳光直射。

——辛拉面（香菇牛肉面）

请注意不要使液体直接入眼。如不慎入眼，请立刻用清水冲洗干净。请放在儿童不易触摸的地方。

——某洗发产品

向您提示：
请您看管好自己的钱物，以防被窃。

——摄于北京东方广场地下车库

第 九 课　提示与告示

北京银行上地支行欢迎您
您排在 0726 号
队列:个人储蓄
等候人数:25
请耐心等待,过号请重取

2006 年 11 月 21 日
过号重排,关门无效

为了文物安全,请您暂时戒烟。
　　　　　　——摄于清西陵正门

注意环境卫生,请勿乱扔杂物。
　　　　　　——摄于山西介休绵山

请您勿乱扔果皮、纸屑、烟头等废弃物。
请您自觉保护环境卫生。
　　　　　　——北京大学校内自行车存车处

我们只有一个太湖。
　　　　　　——江苏无锡

小草微微笑,请您旁边绕。
　　　　　　——北京大学校园内草坪

请和我们一同保护这片绿色。
——摄于北京香山

个人理解

1. 上边这些提示中,你最喜欢哪一个?
2. 你还见过哪些类似的提示性内容?

阅读理解

一 说说下列每句话的意思

1. 吸烟有害健康。
2. 加热时请勿直接置于炉子明火上或微波炉内,以免罐头破裂。
3. 勿一口吞食,三岁以下儿童不宜食用,老人儿童须监护下食用。
4. 请注意不要使液体直接入眼。如不慎入眼,请立刻用清水冲洗干净。
5. 请放在儿童不易触摸的地方。
6. 贮藏方法:宜放置于干爽阴凉处,避免高温、阳光直射。
7. 向您提示:请您看管好自己的钱物,以防被窃。
8. 请耐心等待,过号请重取。
9. 过号重排,关门无效。
10. 为了文物安全,请您暂时戒烟。
11. 注意环境卫生,请勿乱扔杂物。
12. 请您勿乱扔果皮、纸屑、烟头等废弃物。
13. 我们只有一个太湖。
14. 请您自觉保护环境卫生。
15. 小草微微笑,请您旁边绕。
16. 请和我们一同保护这片绿色。

第九课 提示与告示

二 根据第一题的内容说出这些句子可能在哪里见到

三 在第一题的句子上画出比较常用的固定格式或词语

重点词语

1. 吞食	（动）	tūnshí	swallow	
2. 宜	（形）	yí	suitable; appropriate	
3. 监护	（动）	jiānhù	to observe and tend (a patient or a child) closely	
4. 果冻	（名）	guǒdòng	fruit jelly	
5. 直接	（形）	zhíjiē	direct; immediate	
6. 置	（动）	zhì	to place; put	
7. 炉子	（名）	lúzi	stove; furnace	
8. 明火	（名）	mínghuǒ	fire	
9. 微波炉	（名）	wēibōlú	microwave oven	
10. 以免	（连）	yǐmiǎn	in order to avoid; so as not to	
11. 罐头	（名）	guàntou	tin; can	
12. 破裂	（动）	pòliè	to burst; split	
13. 贮藏	（动）	zhùcáng	to store up	
14. 阴凉	（形）	yīnliáng	cool	
15. 避免	（动）	bìmiǎn	to prevent; avoid	
16. 直射	（动）	zhíshè	to shine	
17. 液体	（名）	yètǐ	liquid	
18. 冲洗	（动）	chōngxǐ	to rinse; wash	
19. 触摸	（动）	chùmō	to touch	
20. 产品	（名）	chǎnpǐn	product	
21. 提示	（动）	tíshì	to point out; prompt	
22. 看管	（动）	kānguǎn	to look after; watch	
23. 以防	（连）	yǐfáng	to prevent	
24. 窃	（动）	qiè	to steal	
25. 储蓄	（动）	chǔxù	to save; deposit	

26. 无效	（动）	wúxiào	no avail; invalid
27. 文物	（名）	wénwù	cultural relic; historical relic
28. 暂时	（形）	zànshí	a short period; temporary
29. 戒烟		jiè yān	to give up smoking
30. 杂物	（名）	záwù	odds and ends
31. 废弃物	（名）	fèiqìwù	waste material; castoff
32. 自觉	（形）	zìjué	consciously
33. 绕	（动）	rào	to detour; go around; bypass
34. 一同	（副）	yìtóng	along; together

词汇练习

一 选词填空

（一）文物　罐头　纸屑　液体　杂物　产品　废弃物　微波炉

1. 菜已经凉了,放在(　　　)里加热一下再吃吧。
2. 水果(　　　)哪有新鲜水果好吃?
3. 瓶子里的(　　　)是什么?已经流出来了!
4. 我们的(　　　)已经远销世界几大洲。
5. 这是国家一级(　　　),一定要好好保护。
6. 桌子上不要乱堆(　　　)。
7. 不要乱扔果皮(　　　)。
8. 医院里的(　　　)很不卫生,应该统一处理。

（二）提示　看管　监护　储蓄　不慎　置　冲洗
　　　戒烟　宜　吞食　窃　避免　触摸　绕　贮藏

1. 递给小狗的肉片它一口就(　　　)掉了。
2. 心脏病人不(　　　)做剧烈运动。
3. 谁是这个孩子的(　　　)人?
4. 为了(　　　)吵架,他们干脆不说话。
5. 我在挤公共汽车的时候,(　　　)碰掉了手表。
6. 眼镜最好用水管里的自来水(　　　),不要用力擦。
7. 这些是样品,请勿(　　　)。

8. 这个谜语太难猜了,可以(　　　)一下吗?
9. 各位旅客,请(　　　)好自己的行李和贵重物品,祝您旅行愉快。
10. 这个人犯了盗(　　　)罪。
11. 活期(　　　)比定期的利息低得多。
12. 抽烟实在没有什么好处,我决定从今天开始(　　　)。
13. 前方道路施工,请您(　　　)行。
14. 大米的(　　　)方法很简单。
15. 内有液体,请勿倒(　　　)。

(三) 无效　自觉　阴凉　以免　暂时　直接　以防　一同　直射

1. 面包最好保存在(　　　)的地方。
2. 你输入的是(　　　)密码,是不是记错了?
3. 您呼叫的电话(　　　)无法接通,请稍后再拨。
4. 请您(　　　)遵守交通规则。
5. 演讲比赛之后,大家(　　　)去酒吧庆祝。
6. 请(　　　)拨打对方的号码,不用加拨"0"。
7. 电视要放在屋内阴凉处,避免阳光(　　　)。
8. 在山路上开车一定要慢行,(　　　)发生危险。
9. 出门多带点儿钱,(　　　)万一。

二 观察各组词语,然后分别说出它们的意思
 1. 杂物　废弃物　文物　财物
 2. 戒烟　戒酒　戒毒
 3. 绕行　绕远　绕道　绕开
 4. 阳光　月光　日光　灯光　星光

合作学习

寻找标牌:
要求:走出课堂,寻找生活中各种标牌或者提示,拍下来或者抄写下来,在课堂
　　　上与大家分享。

热身问题

> 假设你买了一张演唱会或者音乐会的票，请猜猜上边可能有哪些注意事项？

阅读 二

告 示

提示：注意这类文体的正规用语
字数：678 字
时间：6 分钟

（一）

亲爱的观众朋友：

　　为了营造优雅、安静、清洁的观赏环境，请您注意如下事项：

一、请准时入场，以免影响演出和他人观看。

二、1.2 米以下儿童谢绝入场。

三、请勿将食品、口香糖、有色饮料等带入观众厅。

四、演出期间请将手机置于静音状态。

五、迟到的观众请在观众厅外等候，待幕间就近入座，中场休息时再对号入座。

六、演出过程中请勿用闪光灯拍照，每首乐曲的乐章之间请勿鼓掌。

以上事项希望得到您的理解和支持。谢谢您的合作！

——北京大学百周年纪念讲堂票面"注意事项"

（二）

请您注意

- 护林防火，人人有责，园内严禁一切烟火。
- 爱护园林，请勿攀折红叶、花草和践踏草坪。
- 保持环境卫生，请勿乱扔废弃物。
- 爱护文物古迹，请勿刻画涂写。
- 山顶没有出口，请不要翻越围墙。

乘车路线：360路、714路、904路、318路、331路、737路、733路，直达香山。

遵纪守法　保您一生平安

——香山公园门票

（三）

游园注意事项

1. 售票时间：夏季 6:30—19:00
　　　　　　冬季 7:00—17:00
　 静园时间：夏季 21:00
　　　　　　冬季 18:00
2. 请自觉遵守《北京市公园条例》和本园游园守则。
3. 本园为一级防火区，严禁在园内吸烟。

4. 爱护文物古迹、花草树木及各种设施。

5. 维护园容卫生,不要随地吐痰、乱扔废弃物。

6. 请勿携带宠物入园,禁止放风筝、搭帐篷。

7. 园内湖区水深危险,请勿滑冰、游泳、垂钓、戏水。

8. 请您不要在静园时间后逗留或留宿园中。

  乘车路线:公交 360、714、318、733 路植物园站下车往北走 100 米。公交 331、904、737 路北京植物园或香山卧佛寺下车,运通 112 路卧佛寺下车往北。

本园热线服务电话:62591283、62591561 转 3636

本园派出所电话:62591341

本园医务室电话:62591561 转 2165

——北京植物园门票

个人理解

1. 你比较熟悉以上哪种说明?
2. 你印象最深的是哪项要求?

阅读理解

一 根据课文内容填写句子

1. 请_____,以免影响演出和他人观看。
2. 1.2 米以下儿童_____。
3. 请_____将食品、口香糖、有色饮料等带入观众厅。
4. 演出期间请将手机置于_____。
5. 迟到的观众请在观众厅外_____,待幕间_____入座,中场休息时再_____入座。
6. 演出过程中请勿用_____拍照。

7. 每首乐曲的乐章之间请勿_____。
8. 以上事项希望得到您的理解和支持。谢谢您的_____！
9. 护林防火，_____有责，园内严禁一切烟火。
10. 爱护园林，请勿攀折红叶、花草和践踏_____。
11. 保持_____卫生，请勿乱_____废弃物。
12. _____文物古迹，请勿刻画涂写。
13. 请_____遵守《北京市公园条例》和本园游园守则。
14. 请勿携带宠物_____园，禁止放风筝、搭帐篷。
15. 园内湖区水深_____，请勿滑冰、游泳、垂钓、戏水。
16. 请您不要在_____时间后逗留或留宿园中。

二 课文中没有提到哪一项

1. 游园注意事项
2. 观看演出须知
3. 儿童购票要求
4. 手机使用说明
5. 宠物不可以入园

重点词语

1. 营造	（动）	yíngzào	to create (an atmosphere or an environment)
2. 优雅	（形）	yōuyǎ	beautiful and elegant; graceful
3. 观赏	（动）	guānshǎng	to view and admire; enjoy the sight of
4. 事项	（名）	shìxiàng	item; matter
5. 谢绝	（动）	xièjué	to refuse; decline
6. 口香糖	（名）	kǒuxiāngtáng	chewing gum
7. 置	（动）	zhì	to set; keep
8. 状态	（名）	zhuàngtài	state; condition
9. 幕	（名）	mù	curtain; act
10. 就近	（副）	jiùjìn	(or get sth.) nearby

11. 对号入座		duìhàorùzuò	to sit at one's seat according to the number of ticket
12. 闪光灯	（名）	shǎnguāngdēng	photoflash; flashlight
13. 鼓掌	（动）	gǔzhǎng	to clap one's hands; applaud
14. 支持	（动）	zhīchí	to support
15. 责	（名）	zé	duty; responsibility
16. 攀折	（动）	pānzhé	to pull down and break off
17. 践踏	（动）	jiàntà	to trample underfoot
18. 草坪	（名）	cǎopíng	lawn
19. 保持	（动）	bǎochí	to keep; maintain
20. 涂写	（动）	túxiě	to scribble; scrawl
21. 翻越	（动）	fānyuè	to climb over
22. 围墙	（名）	wéiqiáng	enclosing wall
23. 静园		jìng yuán	the park closes at a certain time when customers should leave
24. 遵守	（动）	zūnshǒu	to observe; comply with
25. 条例	（名）	tiáolì	regulations
26. 守则	（名）	shǒuzé	rules; regulations
27. 设施	（名）	shèshī	installation; facilities
28. 维护	（动）	wéihù	to protect; safeguard
29. 携带	（动）	xiédài	to carry; take along
30. 风筝	（名）	fēngzheng	kite
31. 帐篷	（名）	zhàngpeng	tent; wigwam
32. 垂钓	（动）	chuídiào	to fish; angle
33. 戏水		xì shuǐ	to play with water; play in water
34. 逗留	（动）	dòuliú	to stay; linger
35. 留宿	（动）	liúsù	to stay over night
36. 派出所	（名）	pàichūsuǒ	police substation

词汇练习

一　选择恰当词语完成句子

1. 她走路的样子很(文雅 / 优雅)。

2. 我们今天要去香山(参观 / 观赏)红叶。

3. 请看墙上贴的注意(事项 / 事情)。

4. 这里(谢绝 / 谢谢)参观。

5. 请将手机调至到静音(状态 / 状况)。

6. 我的家(很近 / 就近),走路三分钟就能到。

7. 很多中国(营造 / 制造)的产品已经远销国外。

8. 把书(放 / 置)在书包里。

9. 这个老人已经八十岁了,可是依然(支持 / 保持)着年轻人的活力。

10. 前方到站是西安站,火车将在这里(停留 / 逗留)二十分钟。

11. 如果空调出现问题,请拨打这个卡片上的(维护 / 维修)电话。

12. 请爱护公共(设计 / 设施)。

二 词语连线：选择合适的搭配

1. 攀折　　A. 围墙
2. 践踏　　B. 风筝
3. 翻越　　C. 花木
4. 遵守　　D. 演出
5. 放　　　E. 草坪
6. 搭　　　F. 园林
7. 观看　　G. 宠物
8. 爱护　　H. 帐篷
9. 携带　　I. 条例

三 词语联想

1. 宠物：
2. 闪光灯：
3. 鼓掌：
4. 优雅：

合作学习

搜集各种告示,与其他同学分享。

一 片段练习

仿照例句,用加点的词语各写一句话:

1. 请注意不要使液体直接入眼。

2. 请勿携带宠物入园。

3. 禁止放风筝、搭帐篷。

4. 请自觉遵守《北京市公园条例》和本园游园守则。

5. 以上事项希望得到您的理解和支持。谢谢您的合作!

二 整体练习

根据提示的场所(选两个),写出你认为合适的注意事项:

1. 宿舍楼楼内
2. 考场门口
3. 快餐店
4. 医院大厅
5. 网吧

要求:

1. 使用书面语,少用口语
2. 文字尽量简练
3. 注意语气

第九课　提示与告示

路牌告示中的幽默

- 请司机注意您的方向盘——本城一无医院,二无医生,三无药品。

　　　　　　　　　　　　——墨西哥某边境城市

- 如果您的汽车会游泳的话,请照直开,不必刹车。

　　　　　　　　　　　　——美国西海岸某公路

- 要知道,汽车不是一下子就能站住的!

　　　　　　　　　　　　——北京某公路

- 开慢点儿吧,我们已经忙不过来了!

　　　　　　　　——美国伊利诺斯州一十字路口棺材铺

(摘自《大众汽车》)

从这一课你学到了什么

1. _____
2. _____

第十课 小调查

学习目的

1. 内容提示：节日话题
2. 阅读技巧：注意具体数据与调查结果的关系
3. 写作要求：小调查，利用具体数据进行介绍与说明

热身问题

1. 你们国家最大的节日是什么？
2. 你知道"除夕"夜对于中国人有什么特别的意义吗？

阅读 一

调查：除夕夜如何过？（上）

提示：注意数字比例
字数：681 字
时间：6 分钟

调查说明

春节前夕，北京娱乐《信报》联合一家网站就市民"除夕夜如何

过"等问题进行了问卷调查。调查采用街头采访的方式,共收集样本1026个,被访对象年龄在18—60岁之间,性别控制在1:1左右。

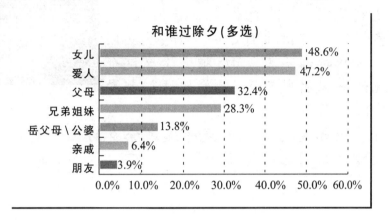

48.6% 一半老人难享天伦之乐

"空巢老人"是近年出现的一种社会现象,本次调查也印证了这一点。对年龄在50岁以上的受访者调查表明:只有约48.6%的人除夕夜可以与儿女一起度过,多半受访老人期盼了一年,到除夕夜却仍只能独享孤独。

与此相对应的是,调查显示:32.4%受访者将与父母一起欢度除夕之夜。这类人群年龄普遍在18—30岁之间(86.3%)。表示将陪岳父母一起过的比例较少(13.8%)。

调查分析人员认为:年龄在25岁左右的较年轻已婚被访者多为独生子女,很难做到同时陪四位老人过年。一年换一个地方过除夕也许是他们既合理又无奈的选择。

卖蔬菜的张先生老家在安徽,他今年将在北京过春节。前些天他给家中老父母寄了800块钱作为过节费,这样既节省了路费,又可以趁春节期间多赚点儿钱。和张先生一样,很多来京打工的外地人员也都过年不能回家陪父母过除夕。

47.2% 和爱人共度除夕夜

调查显示:近五成(47.2%)受访者将陪爱人过除夕。而不能陪爱人共度除夕的人较多是因为加班。一位警察在接受访问时表示,自己已经连续三个除夕夜没有跟家人一起过年,并且表示首都警察中像他这样的不在少数。

28.3% 除夕夜同叙手足情

调查中,表示将与兄弟姐妹一起过除夕的比例达到28.3%。市民张女士告诉我们,平时兄弟姐妹们都忙于自己的工作,尽管同在一个城市平时却不常见面,难得除夕这个中国传统的全家团聚日子,兄弟姐妹们都聚到父母家过个团圆年。

另外,表示将与其他亲戚一起过除夕的比例是6.4%,还有3.9%的人除夕与朋友一起过。

个人理解

1. 以上调查内容给你印象最深的是什么?
2. 如果是你,你选择与谁一起过除夕?

阅读理解

一 根据课文填写下表

（一）关于调查者和被调查者的信息

调查主题	
调查者	
调查方式	
被调查者(受访者)人数	
受访者年龄段	
受访者性别比例	

(二)下列数字比例的意义

48.6%

47.2%

32.4%

28.3%

13.8%

6.4%

3.9%

二 解释画线部分的意思

1. "空巢老人"是近年出现的一种社会现象,本次调查也印证了这一点。

2. 一半老人难享天伦之乐。

3. 表示将陪岳父母一起过的比例较少(13.8%)。

4. 年龄在 25 岁左右的较年轻已婚被访者多为独生子女,很难做到同时陪四位老人过年。

5. 一年换一个地方过除夕也许是他们既合理又无奈的选择。

6. 近五成(47.2%)受访者将陪爱人过除夕。

7. 首都警察中像他这样的不在少数。

8. 除夕夜同叙手足情。

重点词语

1. 调查	(动、名)	diàochá	to investigate, survey; investigation
2. 前夕	(名)	qiánxī	eve; the day before
3. 娱乐	(名)	yúlè	entertainment
4. 联合	(动)	liánhé	to unite; ally
5. 问卷	(名)	wènjuàn	questionnaire
6. 采用	(动)	cǎiyòng	to adopt; to use
7. 采访	(动)	cǎifǎng	to have an interview with
8. 收集	(动)	shōují	to collect; gather

9. 样本	（名）	yàngběn	sample book; sample
10. 对象	（名）	duìxiàng	target; object
11. 天伦之乐		tiānlúnzhīlè	family happiness
12. 巢	（名）	cháo	nest of a bird; nest
13. 印证	（动）	yìnzhèng	to confirm; verify
14. 表明	（动）	biǎomíng	to make known; indicate
15. 孤独	（形）	gūdú	lonely; solitary
16. 对应	（动）	duìyìng	corresponding; homologous
17. 显示	（动）	xiǎnshì	to show; demonstrate
18. 普遍	（形）	pǔbiàn	general; common
19. 岳父母	（名）	yuèfùmǔ	father-in-law and mother-in-law
20. 比例	（名）	bǐlì	ratio; proportion
21. 合理	（形）	hélǐ	rational; reasonable
22. 无奈	（形）	wúnài	having no alternative; having no choice
23. 蔬菜	（名）	shūcài	vegetables; green
24. 节省	（动）	jiéshěng	to economize; save
25. 赚钱		zhuàn qián	to make money; make a profit
26. 连续	（动）	liánxù	successive; continuous
27. 叙	（动）	xù	to talk; chat
28. 手足	（名）	shǒuzú	brothers; brotherhood
29. 尽管	（连）	jǐnguǎn	even though; despite; in spite of
30. 亲戚	（名）	qīnqi	relatives

词汇练习

一　选择恰当词语完成句子

1. 每个人都应该定期(调查/检查)身体。
2. 他高兴地接受了我们的(采用/采访)。
3. 我喜欢(收获/收集)各国的钱币。
4. 这次比赛是北大和清华(联合/合作)举办的。
5. 请出示医生(印证/证明)。
6. 这个规则写得太复杂了,请您简单(说明/表明)一下。

7. 我们(渡过/度过)了一个非常愉快的寒假。
8. 我一定要对得起父母对我的(期望/期盼)。
9. 你们这里有什么(快乐/娱乐)项目?
10. 根据手机上(显示/显得)的号码,我打了回去,可是没有人接。
11. 请注意(节省/节约)用水。
12. 吃了这个药以后,我的肠胃(对应/反应)很大。

二 选词填空

赚钱　孤独　蔬菜　问卷　比例　控制
尽管　亲戚　普遍　无奈　合理　连续

1. 这段对话我(　　)听了好几遍,可是仍然听不懂。
2. 他是一个喜欢享受(　　)的人。
3. 年轻人(　　)喜欢流行歌曲。
4. 他的这个设计很(　　),大家一致同意采用。
5. 说了半天他还是听不进去,我觉得很(　　)。
6. 我(　　)发烧三天,感觉快要死了。
7. 这个地图的(　　)是1:5000。
8. 我喜欢吃肉,更喜欢吃(　　)。
9. 大年初一(　　)朋友们都来拜年。
10. 我们正在做一个关于留学生学习方法的(　　)调查。
11. 已经很便宜了,60块卖给你一点儿也不(　　)。
12. 你是大人,应该能够(　　)住自己的脾气。

三 词语连线:选择合适的搭配

1. 忙于　　　　　A. 天伦之乐
2. 享受　　　　　B. 手足情
3. 同叙　　　　　C. 除夕
4. 欢度　　　　　D. 工作

合作学习

分组采访中国人,调查他们除夕一般与谁一起过,然后与课文中结果进行比较。

热身问题

1. 在你们国家最大的节日里,人们一般喜欢做什么?
2. 你了解中国人的除夕一般在哪里过并如何过吗?
3. 猜猜"守岁"和"年夜饭"的意思。

阅读 二

调查:除夕夜如何过?(下)

 提示:注意主要数字比例
字数:974 字
时间:9 分钟

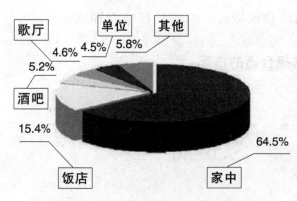

64.5%　在家里安度除夕

问起除夕夜去哪儿过时,超过六成(64.5%)市民表示将会在自己家里过。

26岁的蔡先生说,尽管有时候也想和朋友们出去过一回具有现代感的除夕,但因为老北京有守岁的习惯,所以每年都在家跟老人们一起过除夕。

15.4%的受访者打算去饭店过除夕。对于那些不愿意亲自动手的市民来说,全家一起或邀上三五好友到饭店吃一顿丰盛的年夜饭,欢天喜地过个除夕也是一个较好的选择。

4.5%　除夕加班的人不少

在调查中,有4.5%的受访者表示将在工作岗位上度过除夕之夜。

除夕加班的人主要集中在服务行业,如餐饮、通信、交通等。而对于加班的态度,他们多数表示出了一种无奈的接受。其中七成以上的受访者表示是服从公司安排加班,只有一成表示是主动要求除夕加班。

5.8%　另类方式过除夕

此外还有5.8%的人除夕夜在其他地方度过,如电影院、健身房等娱乐、休闲、运动场馆。一位在IT公司工作的市民王小姐在接受记者采访时表示,他们全家大年三十将一起去京郊某滑雪场玩儿,晚上就地住下过个"运动型除夕夜",一改往年聚在家里吃饺子的传统过节方式。

调查显示:市民对过除夕夜地点的选择表现出多样化特点,有5.2%的人打算去酒吧过除夕,4.6%的人除夕打算去歌厅HIGH一把。数据分析进一步表明,除夕夜去酒吧和歌厅的市民年龄基本在30岁以下,收入层次也较高。

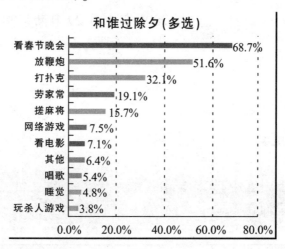

除夕夜三大乐——老大仍然是"春晚"

调查结果表明：市民在过除夕的选择上多姿多彩而又"重点"突出。近七成(68.7%)市民表示除夕看春节晚会是必不可少的选择。尽管老百姓对每年的"春晚"褒贬不一，但岁末的期待已经成了一种习惯。

老二是鞭炮

有超过半数(51.6%)市民表示将会燃放鞭炮庆祝新年的到来。可以想象，除夕夜北京城的夜晚将是鞭炮齐鸣，热闹非凡。

扑克、麻将争老三

调查显示：除夕夜打算玩扑克的比例达到32.1%。只有15.7%的人将打麻将作为除夕夜的消遣方式之一，这类人群较多集中在36岁以上，且女性受访者超过六成(63.7%)，看来她们对节奏较慢的麻将更为偏好。

此外，除夕夜选择与亲友聊天的比例也较高(19.1%)，其他选择依次为唱歌(5.4%)、玩网游(7.5%)、看电影(7.1%)、玩杀人游戏(3.8%)。还有6.4%的市民有其他选择。值得一提的是，有4.8%的受访者表示要好好在除夕夜睡上一觉，他们是否能睡踏实呢？不得而知。

(据2006年1月29日新浪网与北京娱乐《信报》：
《调查显示北京半数老人除夕守空巢》)

个人理解

1. 以上内容中，你印象最深的是什么？
2. 如果你在中国过除夕，你希望怎么过？

第十课 小调查

阅读理解

一 本文介绍了哪几个方面的内容？请在后边打√

1. 过除夕的地点　　　　　　　　　□
2. 过除夕时各个行业的工作情况　　□
3. 过除夕的方式　　　　　　　　　□
4. 过除夕时人们的不同心情　　　　□

二 根据课文内容填上相应的数字比例

阅读一	表示在家里过除夕的市民	
	打算去饭店的市民	
	加班的市民	
	去休闲娱乐运动场所过除夕的市民	
	去酒吧的市民	
	去歌厅的市民	
	看春节晚会的市民	
	放鞭炮的市民	
阅读二	玩扑克的市民	
	打麻将的市民	
	与亲友聊天的市民	
	去唱歌的市民	
	玩网络游戏的市民	
	看电影的市民	
	玩杀人游戏的市民	
	打算好好睡一觉的市民	

三 简单说明一下"除夕三大乐"是什么

 重点词语

1.	守岁		shǒu suì	to stay up late or all night on New Year's Eve
2.	欢天喜地		huāntiānxǐdì	with boundless joy; be highly delighted
3.	岗位	(名)	gǎngwèi	post; station
4.	集中	(动)	jízhōng	to centralize; center on
5.	行业	(名)	hángyè	profession; industry
6.	通信	(名)	tōngxìn	communication
7.	服从	(动)	fúcóng	to obey; submit (oneself) to
8.	主动	(形)	zhǔdòng	voluntary
9.	另类	(形)	lìnglèi	another kind of type; be out of the common way
10.	休闲	(形)	xiūxián	having a leisure life; leisurely
11.	型	(名)	xíng	model; type
12.	数据	(名)	shùjù	data
13.	层次	(名)	céngcì	level; class
14.	多姿多彩		duōzīduōcǎi	colorful; varied
15.	重点	(名)	zhòngdiǎn	main point; focal point
16.	突出	(形)	tūchū	prominent
17.	褒贬	(动)	bāobiǎn	to pass judgment on; appraise
18.	不一	(形)	bùyī	varied; different
19.	期待	(动)	qīdài	to look forward to; expect
20.	鞭炮	(名)	biānpào	firecrackers
21.	燃放	(动)	ránfàng	to set off (fireworks, etc.)
22.	鸣	(动)	míng	to sound
23.	非凡	(形)	fēifán	extraordinary; uncommon
24.	麻将	(名)	májiàng	mah-jongg
25.	争	(动)	zhēng	to contend for

26. 消遣	（动）	xiāoqiǎn	to divert oneself; while away time
27. 节奏	（名）	jiézòu	rhythm
28. 偏好	（动）	piānhào	to have partiality for sth.; be fond of
29. 依次	（副）	yīcì	in proper order; orderly
30. 踏实	（形）	tāshi	having peace of mind; free from anxiety
31. 不得而知		bùdé'érzhī	unknown; can't be known

词汇练习

一 解释下列成语

1. 不得而知：_____
2. 欢天喜地：_____
3. 多姿多彩：_____
4. 褒贬不一：_____
5. 必不可少：_____

二 选词填空

消遣　岗位　集中　期待　休闲　争　依次　非凡　偏好
超过　主动　服从　另类　行业　型　节奏　采访

1. （　　　）半数的学生不吃早饭。
2. 我虽然有意见,可是应该（　　　）大多数。
3. 通过记者的（　　　）,我们了解到了中学生的压力。
4. 就要离开工作了四十年的（　　　）,他的心里很不好受。
5. 除夕加班的人集中在服务（　　　）。
6. 你们都别（　　　）了,让弟弟先说。
7. 我的（　　　）感不行,总是跳不好。
8. 我对咖喱有一种特殊的（　　　）。
9. 请按照大小个（　　　）站好。
10. 对于我来说,看电影是最好的（　　　）方式。
11. 我错了,应该（　　　）向他道歉。

12. 这次考试的难点都（　　　）在第一部分了。
13. 他的服装和发型总是很（　　　），常常被人误解。
14. 上班时间之外我最喜欢穿（　　　）服。
15. 今天晚上，这里将有一场大（　　　）演出。
16. 经过了刻苦训练，运动员们（　　　）着比赛的到来。
17. 她有（　　　）的记忆力。

三　词语连线：选择合适的搭配（可以多选）

（一）

1. 庆祝　　　　A. 鞭炮
2. 燃放　　　　B. 麻将
3. 打　　　　　C. 扑克
4. 玩　　　　　D. 数据
5. 分析　　　　E. 新年

（二）

1. 层次　　　　A. 快
2. 节奏　　　　B. 突出
3. 重点　　　　C. 高
4. 鞭炮　　　　D. 齐鸣

合作学习

介绍一下自己最喜欢的节日，主要介绍过节的方式

一 片段练习

朗读下列各段,分析其特点,注意加点的部分,然后进行模仿写作：

1. 春节前夕,北京娱乐《信报》联合一家网站就市民"除夕夜如何过"等问题进行了问卷调查。
2. 调查显示:近五成(47.2%)受访者将陪爱人过除夕。
3. 调查分析人员认为:年龄在25岁左右的较年轻已婚被访者多为独生子女,很难做到同时陪四位老人过年。一年换一个地方过除夕也许是他们既合理又无奈的选择。
4. 调查显示:市民对过除夕夜地点的选择表现出多样化特点。
5. 数据分析进一步表明,除夕夜去酒吧和歌厅的市民年龄基本在30岁以下,收入层次也较高。
6. 调查结果表明:市民在过除夕的选择上多姿多彩而又"重点"突出。
7. 有超过半数(51.6%)市民表示将会燃放鞭炮庆祝新年的到来。

二 整体练习

写一份小调查报告：

要求：

    1. 自己定题目。

    2. 至少有三组以上数据。

    3. 有分析,有小结。

参考题目：

1. 留学生寒假/暑假安排调查
2. 留学生早饭习惯调查
3. 留学生就餐地点调查
4. 留学生周末生活调查
5. 各国午睡习惯调查
6. 学生购物习惯调查
7. 学生选择专业意愿调查
8. 大学生就业意愿调查
9. 健身方式调查

相关链接 ▶▶▶▶

守 岁

我国民间在除夕有守岁的习惯，也就是在除夕晚上不睡觉，直到天亮。

年三十守岁，俗名"熬年"。民间流传着一个有趣的故事：相传，在远古时代，有一种凶恶的怪兽，叫"年"，每到大年三十晚上就要出来伤害人畜。人们为了躲避年兽，腊月三十晚上天不黑就早早关紧大门，不敢睡觉，坐等天亮。等年初一早晨才敢出门。人们见面互相拱手作揖，祝贺道喜，庆幸没被年兽吃掉。这样过了好多年，没出什么事情，人们放松了警惕。有一年三十晚上，年兽突然窜到一个村子里，一村子人几乎都被年兽吃光了，只有一家挂红布帘、穿红衣的新婚夫妇平安无事。还有几个小孩，在院里点了一堆竹子在玩耍，火光通红，竹子燃烧后"啪啪"地爆响，把年兽吓得掉头逃窜。此后，人们知道年兽怕红、怕光、怕响声，每至年末岁首，家家户户就贴红纸、穿红袍、挂红灯、敲锣打鼓、燃放爆竹，这样年兽就不敢再来了。虽然这只是传说，却留传下来了穿戴红色、燃放爆竹的习俗。

守岁从吃年夜饭开始，这顿年夜饭要慢慢地吃，有的人家一直要吃到深夜。根据历史材料记载，这种习俗至少在南北朝时就存在。守岁的习俗，既有对逝去岁月的惜别留恋之情，又有对来年寄予美好希望之意。大诗人苏轼曾写下了《守岁》名句："明年岂无年，心事恐蹉跎。努力尽今夕，少年犹可夸！"

如今，除夕之夜，全家人围坐在一起，茶点瓜果放满一桌，一家老小边吃边乐，谈笑畅叙，喧哗笑闹之声与爆竹的噼啪声汇成了除夕欢乐的高潮。

春节晚会

由中国中央电视台录制的一年一度的大型综合性文艺晚会。除夕晚上8时开始现场直播，直至大年初一凌晨。始播于1983年，至今已连续二十多年。晚会通常由主持人串联相声、小品、歌曲、舞蹈和其他各类富有民族特色的节目，演员均为在社会上有影响、有成就的人物，节目也都再三精选，有较高的艺术水准。

(据《百度知道》)

第十课　小调查

从这一课你学到了什么

1. _____

2. _____

第十一课　健康话题

学习目的

1. 内容提示：健康知识
2. 阅读技巧：注意小标题
3. 写作要求：利用研究成果或事实进行说明

热身问题

1. 你有午睡的习惯吗？
2. 你怎么看待午睡？

阅读 一

午睡，健康的加油站

提示：注意文章中的小标题
字数：517字
时间：5分钟

据一项调查显示：只有近三成的人有定时午睡的习惯，另有过半数的人认为，午睡可有可无，实在太困时才有必要小睡一下。

第十一课 健康话题

午睡为生命"加油"

越来越多的事实证明,合理午睡对人们放松心情、减轻压力具有不可低估的作用。国际睡眠专家狄曼特甚至将午睡形象地比喻为身体的"润滑剂"、生命的"加油站"。

研究显示,居住在热带和地中海地区的人,比居住在北美或北欧的人较不易患动脉硬化。专家解释,这是因为前者更知道享受午睡的乐趣。美国太空总署的科学家也研究发现,24分钟的午睡,能有效改善驾驶员的注意力并使之做出正确的决定。

午睡时间多长为宜

从生理学的角度,我们把睡眠分为浅睡眠与深睡眠两个阶段。一般人在入睡80分钟—100分钟后,便由浅睡眠进入深睡眠,体内的代谢过程逐渐减慢。若在此段时间突然醒来,就会出现头晕、眼花、无力等不适症状。因此,根据睡眠特点,健康午睡应以30分钟—60分钟为宜,尽量不要进入深睡期,以免打乱生物钟,影响正常睡眠。

另外,专家指出,午睡要养成定时定量的习惯。午睡时间最好安排在早上睡醒后的7—8小时之间,也就是一天活动的中间时间。值得特别注意的是,当刚吃饱午饭、胃里充满食物的时候,不能马上午睡。正确的做法应该是稍微活动10分钟后再睡,以促进胃内食物的消化。

(据2004年8月11日《牡丹江日报》张洪军文)

个人理解

1. 你认为文章中的哪些知识是有道理的?
2. 读了这篇文章,你对午睡有什么新的认识?

阅读理解

一 根据课文内容填写

1. 只有近三成的人有_____的习惯,另有过半数的人认为,午睡_____。
2. 越来越多的事实证明,合理午睡对_____具有不可低估的作用。
3. 国际睡眠专家狄曼特将午睡形象地比喻为_____、_____。
4. 美国太空总署的科学家研究发现,24分钟的午睡,能_____。
5. 从生理学的角度,我们将睡眠分为_____与_____两个阶段。
6. 健康午睡应以_____分钟为宜。
7. 午睡要养成_____的习惯。
8. 午睡时间最好应安排在早上睡醒后的_____小时之间,也就是一天活动的中间时间。

二 根据课文回答问题

1. 百分之多少的人有午睡的习惯?
2. 专家如何解释居住在热带和地中海地区的人不易患动脉硬化的现象?
3. 为什么说健康的午睡应以30分钟—60分钟为宜?
4. 为什么刚吃饱午饭的时候不能马上午睡?

三 课文中没有提到下列哪个方面

1. 午睡的好处。
2. 午睡的时间长度。

3. 不适宜午睡的时间。
4. 哪个国家的人最喜欢午睡。

 ## 重点词语

1. (三)成	（量）	(sān)chéng	(three) tenth
2. 定时	（形）	dìngshí	at fixed times
3. 减轻	（动）	jiǎnqīng	to decrease; lighten
4. 低估	（动）	dīgū	to underestimate; underrate
5. 比喻	（动）	bǐyù	to metaphorize
6. 润滑剂	（名）	rùnhuájì	lubrication oil
7. 热带	（名）	rèdài	the tropics; torrid zone
8. 动脉硬化		dòngmài yìnghuà	arteriosclerosis
9. 太空	（名）	tàikōng	firmament; outer space
10. 总署	（名）	zǒngshǔ	head office; main administration
11. 驾驶员	（名）	jiàshǐyuán	driver
12. 生理学	（名）	shēnglǐxué	physiology
13. 角度	（名）	jiǎodù	point of view; way of looking at things
14. 代谢	（动）	dàixiè	metabolism; to metabolize
15. 逐渐	（副）	zhújiàn	gradually
16. 头晕眼花		tóuyūnyǎnhuā	be dazzling
17. 症状	（名）	zhèngzhuàng	symptom (of an illness)
18. 生物钟	（名）	shēngwùzhōng	biological clock; living clock
19. 充满	（动）	chōngmǎn	to be full of
20. 稍微	（副）	shāowēi	a little; a bit; slightly
21. 促进	（动）	cùjìn	to promote; advance
22. 消化	（动）	xiāohuà	to digest; digestion

专有名词

1. 狄曼特   Dímàntè   *a person's name*

2. 地中海　　　　　　　Dìzhōnghǎi　　　Mediterranean
3. 美国太空总署　　　　Měiguó Tàikōng　National Aeronautics and Space
　　　　　　　　　　　Zǒngshǔ　　　　Administration (NASA)

词汇练习

一 选词填空

(一) 比喻　减轻　低估　显示　患　代谢
　　　逐渐　充满　促进　消化　头晕眼花

1. 我家的电话有来电（　　　），所以能够知道对方的电话号码。
2. 吃了止疼药后，我的疼痛感果然（　　　）了。
3. 不要（　　　）他的语言能力，他是个地道的中国通。
4. 我们常常用什么（　　　）春天？
5. 听说他（　　　）了癌症，我真不敢相信。
6. 睡眠时，人体内的（　　　）会减慢。
7. 经过半年的生活，我（　　　）习惯了这里的一切。
8. 朗诵的时候要（　　　）感情，不能有气无力的。
9. 运动可以（　　　）身体健康。
10. 这些东西不好（　　　），我不能多吃。
11. 他忘记吃降压药了，感到有些（　　　）。

(二) 宜　成　热带　合理　症状　稍微
　　　生物钟　定时　角度　生理学

1. 六（　　　）的中学生有手机。
2. 三餐要（　　　），否则会影响肠胃功能。
3. 他的要求是（　　　）的，咱们考虑一下吧。
4. 此地不（　　　）久留。
5. 这道题并不难，（　　　）想一下就能得出答案。
6. 生活在（　　　）地区的人很难想象冬天的寒冷。
7. 根据（　　　）理论，睡眠可以分为两种。
8. 从不同的（　　　）看问题，会得出不同的结论。
9. 这次的流行感冒的（　　　）都是嗓子疼、咳嗽。
10. 周末最好不要睡懒觉，以免打乱（　　　）。

二 写出下列词语的反义词

1. 减慢—— 　　2. 正常—— 　　3. 减轻——

4. 放松—— 　　5. 正确——

三 词语连线：选择合适的搭配

1. 享受　　　A. 压力

2. 做出　　　B. 乐趣

3. 放松　　　C. 习惯

4. 减轻　　　D. 决定

5. 养成　　　E. 睡眠

6. 改善　　　F. 心情

合作学习

分组调查

题目：关于午睡习惯的调查。

操作方式：分别采访自己所认识的人中有午睡习惯的人数比例、感觉以及对午睡的看法，然后集中数据，汇报调查结果。

热身问题

1. 你对自己的生活方式是否满意?
2. 什么是不好的生活方式?
3. 说说你知道的疾病名称。

阅读 二

五大"生活方式病"

 提示：注意小标题，注意相关数字
字数：622 字
时间：6 分钟

医学研究发现，在慢性病的病因中，遗传因素只占15%，社会因素占10%，气候因素占7%，医疗条件占8%，而个人的生活方式占60%。这说明，许多慢性病实际上是"生活方式病"。

现代人普遍存在着五种由于生活方式不当而引发的疾病：

"三高"问题

三高主要是指高脂、高盐和高热量，这三个方面在人们的生活方式中最容易导致疾病。"三高"最直接的表现是导致高血压和肥胖。

经常熬夜

有关专家对长期熬夜的人和坚持早睡早起的人进行对照研究，发现长期熬夜的人更易患癌症。熬夜使睡眠规律发生紊乱，影响细胞正常分裂，从而导

致癌细胞的产生。

烟酒过度

研究证实，每天如饮1—3次温和的、少量的酒不会增加食道癌风险，但常饮烈性酒者患食道癌的几率是非饮酒者的24倍，尤其是饮酒同时又猛抽香烟的人会使风险骤增100倍。

缺乏运动

现在，健身场馆越来越多，但人们锻炼的时间却越来越少。究其原因只有一个——空闲时间越来越难挤。随着私家车的增多，以车代步也成为现在偷懒的一个很好借口，生活中原有的工作都由机器来代替，"肌肉饥饿"将成为现代人面临的一大问题。

精神焦虑

15%的肥胖者都是因为过度的精神紧张或心理压力所致。人在心理压力大或精神紧张时，人体内迷走神经会过度活动，并受到一定的刺激，从而使人体内分泌过强，引发肥胖。同时，精神紧张或心理压力大时，往往会过多进食，自然也会引发肥胖。

北京市健康教育所所长田向阳指出：要想有效地控制"生活方式病"，必须要有预防"生活方式病"的意识，"只有自己才是自己最好的医生"。

（据2004年6月29日万维读者网 http://www.creaders.net）

个人理解

1. 除了这五个方面，你认为还有什么是"生活方式病"？
2. 怎样理解文章的最后一句话？

阅读理解

一 根据课文内容说明五大"生活方式病"分别是

1.
2.
3.
4.
5.

二 根据课文内容选择正确答案

1. "生活方式病"占慢性病病因的：
   a. 15%　　　b. 10%　　　c. 8%　　　d. 60%

2. "三高"主要是指：
   a. 高压力、高消费、高收入　　b. 高脂、高糖和高盐
   c. 高脂、高盐和高热量　　　　d. 高盐、高糖和高热量

3. "三高"的直接表现是：
   a. 高血压和肥胖　　　　b. 心脏病和高血压
   c. 癌症和肥胖　　　　　d. 癌症和心脏病

4. 有关专家发现：
   a. 长期熬夜的人比早睡早起的人更易发胖
   b. 长期熬夜的人比早睡早起的人更易变瘦
   c. 长期熬夜的人比早睡早起的人更易变老
   d. 长期熬夜的人比早睡早起的人更易患癌症

5. 研究证实：
   a. 每天饮1—3次温和的、少量的酒也会增加食道癌风险
   b. 常饮烈性酒者患食道癌的几率是非饮酒者的4倍
   c. 只饮酒不抽烟的人会使患食道癌的风险减少10倍
   d. 每天饮1—3次温和的、少量的酒不会增加食道癌风险

6. 将成为现代人面临的一大问题的是：
   a. 经常熬夜　　　　　　b. 以车代步
   c. 私家车太多　　　　　d. "肌肉饥饿"

7. 下列哪种不是文章中提到的发胖原因：
   a. 过度的精神紧张或心理压力
   b. 体内迷走神经会过度活动，并受到一定的刺激，从而使人体内分泌过强
   c. 缺乏运动
   d. 过多进食

 ## 重点词语

1.	遗传	（动）	yíchuán	heredity
2.	因素	（名）	yīnsù	factor
3.	医疗	（名）	yīliáo	medical treatment
4.	存在	（动）	cúnzài	to be; exist
5.	引发	（动）	yǐnfā	to initiate
6.	疾病	（名）	jíbìng	disease; sickness
7.	高脂		gāozhī	high fat
8.	导致	（动）	dǎozhì	to lead to; bring about
9.	对照	（动）	duìzhào	to compare; place side by side
10.	癌症	（名）	áizhèng	cancer
11.	规律	（名）	guīlǜ	discipline orderliness
12.	紊乱	（动）	wěnluàn	to disorder; confusion
13.	细胞	（名）	xìbāo	cell
14.	分裂	（动）	fēnliè	to divide; division
15.	过度	（形）	guòdù	exceeding; too much
16.	证实	（动）	zhèngshí	to confirm; verify
17.	食道癌	（名）	shídào'ái	cancer of esophagus
18.	烈性	（形）	lièxìng	strong (drink)
19.	几率	（名）	jīlǜ	frequency; probability
20.	骤	（副）	zhòu	violently quick or rapid; suddenly
21.	偷懒	（动）	tōulǎn	to goldbrick; be lazy

22. 借口	（名）	jièkǒu		excuse
23. 肌肉	（名）	jīròu		muscle
24. 面临	（动）	miànlín		to be faced with
25. 焦虑	（形）	jiāolǜ		agitated; anxious
26. 迷走神经		mízǒu shénjīng		vagus (nerve)
27. 刺激	（动）	cìjī		to stimulatie; stimulation
28. 内分泌	（名）	nèifēnmì		endocrine; internal scretion
29. 预防	（动）	yùfáng		to take precautions against; prevent
30. 意识	（名）	yìshí		conscious of; consciousness

词汇练习

一 选择恰当词语完成句子

1. 母亲的性格（遗传 / 流传）给了孩子。
2. 个子不能长高的（因素 / 因为）有很多。
3. 人人都要遵守考试（规律 / 规则）。
4. 这次比赛咱们获胜的（几率 / 机会）是50%。
5. 你为什么这么想？请说说你的（借口 / 理由）。
6. 刚做完手术的第一天，他的（意识 / 认识）还不清醒。
7. 这个故事发生在北方一个（普遍 / 普通）的小城市。
8. 他是一位著名的（医疗 / 医学）家。
9. 烟酒（过度 / 过分）对人体伤害很大。
10. 精神（焦虑 / 焦急）会导致失眠。
11. 我有一个繁简字（对照 / 对比）表。
12. 办护照需要身份（证实 / 证明）。
13. （面临 / 面对）疾病，他依然十分乐观。
14. 每一个爱国的人都不希望自己的国家（分裂 / 分开）。

二 选词填空

刺激	预防	导致	控制	偷懒	骤
疾病	引发	存在	肌肉	细胞	紊乱

1. 这个小小的事情（　　　　）了一场不小的战争。

2. 俗话说:"病从口入。"意思是说:吃不卫生的东西或者吃东西前不把手洗干净就可能引发(　　　)。
3. 在显微镜下,叶子的每一个(　　　)都能看得清清楚楚。
4. 他想通过运动练出一身像健美运动员那样的(　　　)。
5. 经常熬夜使他的睡眠规律发生了(　　　)。
6. 最近几天,冷空气进入本市,气温(　　　)降。
7. 你相信有外星人(　　　)吗?
8. 运动可以(　　　)疾病。
9. 他很爱发火,常常(　　　)不住脾气。
10. 酒后开车容易(　　　)可怕的后果。
11. 孩子,别(　　　),快把这里也打扫干净。
12. 童年时父母的离异使他受到了很大(　　　),所以他对婚姻的看法总是很悲观。

分成几个组,分别列举"生活方式病"及其危害,然后派代表发言

一 片段练习

用上加点的词语进行模仿写作：

1. 有关专家<u>对</u>长期熬夜的人<u>和</u>坚持早睡早起的人进行对照研究，发现长期熬夜的人更易患癌症。熬夜使睡眠规律发生紊乱，影响细胞正常分裂，<u>从而</u>导致癌细胞的产生。

_____
_____
_____

2. 现在，健身场馆<u>越来越</u>多，但人们锻炼的时间却<u>越来越</u>少。究其原因只有一个——空闲时间越来越难挤。<u>随着</u>私家车的增多，以车代步也成为现在偷懒的一个很好借口，生活中原有的工作都由机器来代替。"肌肉饥饿"将成为现代人面临的一大问题。

_____
_____
_____

二 整体练习

400字作文：生活方式病。

要求：自拟题目，介绍几种不良生活方式及解决办法。

结构：

第一部分：引出话题。

第二部分：具体列举，并且分别介绍其表现和后果（最好有数据支持）。

第三部分：结论，对改变不良生活方式的建议。

相关链接

心理减压十六法

1. 做点儿家务。每天花点儿时间处理家事务,你的疲劳会慢慢消失。
2. 学会说"不"。当你认为自己不想接受其他工作或邀请时,不要勉强答应。
3. 把你的烦恼、忧虑、感受反复写在纸上,你会感到前景光明。
4. 早上提前十五分钟起床外出散步。
5. 学习自我放松,如在眼上敷一块湿润的毛巾静躺十五分钟。
6. 主动参加一些群体的义务工作,你会从助人中获得乐趣。
7. 做任何事都不要考虑成败得失,只要尽力而为即可。
8. 保证充足睡眠。
9. 做深呼吸。紧张焦虑时,慢慢地呼气和吸气,能令你身心放松。
10. 把心中郁结、牢骚对亲朋好友说出来,获得安慰与支持。
11. 做瑜珈。
12. 勿饮酒过量。
13. 多参加运动,如骑自行车、跳健身操、慢跑等。
14. 听音乐。欣赏喜欢的乐曲会令你进入艺术境界而忘记烦恼。
15. 定时吃饭,多吃新鲜蔬菜和水果。
16. 把自己打扮一下,令你充满自信,精神会为之一振。

(据《大众心理学》2006年4月郭振东文)

从这一课你学到了什么

1. _____
2. _____

第十二课 城市景观

●学习目的●

1. 内容提示：著名景观介绍
2. 阅读技巧：依照空间与方位线索阅读
3. 写作要求：按空间方位顺序进行说明；"总—分—总"的写作方法

●热身问题●

1. 你去过北京哪些名胜古迹？你印象最深的是哪一处？
2. 你去过天安门广场吗？有什么印象？

阅读 一

天安门广场

提示：先不看书上的图，根据课文内容边读边画简图，再与书上的图进行对照

　　658 字

　　时间：6 分钟

天安门广场位于北京正中心，原为明清两朝宫廷广场。中华人

民共和国成立后，扩建为面积达44万平方米、南北长880、东西宽500米的大广场，可同时容纳100万人集会，是目前世界上最大的城市广场。

广场北端，是雄伟壮丽的天安门城楼。天安门正对面，飘扬着中华人民共和国国旗。广场中心矗立着人民英雄纪念碑，不远处是毛主席纪念堂。广场西侧是人民大会堂，东侧是中国国家博物馆，南面是正阳门（前门）和前门箭楼。

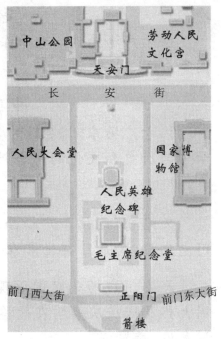

天安门城楼是中华人民共和国的象征。它是明代皇城的正门，当时叫"承天门"。清代改建后称天安门。明、清两朝，这里是禁地，除了皇亲贵族，老百姓不准过往。如今，只要有机会，任何人都可以登上这座城楼，去眺望目前世界上最大的广场——天安门广场。

人民大会堂

位于广场西侧，建筑面积达17万平方米。拥有中央大厅、万人大礼堂和7000平方米的大宴会厅，以及富有地方特色的各省（市、区）的会议厅，是全国人民代表大会开会的地方。

人民英雄纪念碑

位于广场的正中央，碑高近38米，是中国历史上最大的纪念碑。碑上刻有毛泽东亲笔题写的"人民英雄永垂不朽"八个大字。

毛主席纪念堂

位于广场南侧。毛泽东的遗体安放在瞻仰厅内的水晶棺中,周围是全国各地送来的名贵花草。

中国国家博物馆

位于广场东侧,原为中国革命博物馆和中国历史博物馆,是展示中国历史和文化的综合性博物馆。

正阳门

又名前门,位于广场南端,包括城楼和箭楼两部分。它与天安门南北相对,是目前北京唯一完整地保存了城楼和箭楼的城门。

天安门广场是我国近现代政治活动中心。中华人民共和国开国大典及国庆庆典均在此举行。如今,每天都有成千上万的人到这里参观、游览。

(据中国通用旅游网、百度搜索网站资料)

个人理解

1. 你对文章中介绍的哪些内容印象最深?
2. 如果你有机会再去天安门广场,你最想参观哪一部分?

阅读理解

一 课文采用了"总写—分写—总写"的方法,请划分出这三个部分

二 根据课文内容填空

(一)

天安门广场位于北京_____,原为_____两朝宫廷广场。中华人

第十二课　城市景观

民共和国成立后,扩建为面积达_____平方米、南北长880米、东西宽500米的大广场,可同时容纳100万人集会,是目前世界上最大的_____。
　　广场_____,是雄伟壮丽的天安门城楼。_____正对面,飘扬着中华人民共和国国旗。广场中心矗立着人民英雄纪念碑,不远处是_____。广场西侧是_____,东侧是_____,南面是_____。

(二)
　　天安门广场是我国近现代政治活动_____。中华人民共和国_____及_____均在此举行。如今,每天都有_____的人到这里参观、游览。

三　根据课文内容判断正误

☐ 1. 天安门在广场的北端。
☐ 2. 天安门广场建成于中华人民共和国成立之后。
☐ 3. 天安门城楼是中华人民共和国的象征。
☐ 4. 天安门这个名字是从明朝开始有的。
☐ 5. 人民大会堂是全国人民代表大会开会的地方。
☐ 6. 人民英雄纪念碑位于广场正中央。
☐ 7. 人民英雄纪念碑是世界上最大的纪念碑。
☐ 8. 人民英雄纪念碑上刻的字是毛泽东亲笔题写的。
☐ 9. 毛泽东的遗体安放在毛主席纪念堂中。
☐ 10. 中国国家博物馆是展示中国历史和文化的综合性博物馆。
☐ 11. 正阳门是北京唯一保存完整的城楼和箭楼。

重点词语

1. 位于	(动)	wèiyú	to be located; be situated
2. 宫廷	(名)	gōngtíng	palace
3. 成立	(动)	chénglì	to establish; set up
4. 扩建	(动)	kuòjiàn	to expand the building
5. 面积	(名)	miànjī	area; square measure
6. 达	(动)	dá	to reach; amount to
7. 容纳	(动)	róngnà	to have the capacity for
8. 集会	(动)	jíhuì	to assemble; rally

9. 端	（名）	duān	end; extremity
10. 雄伟壮丽		xióngwěi zhuànglì	grand; magnificent
11. 飘扬	（动）	piāoyáng	to wave in the wind
12. 矗立	（动）	chùlì	to stand tall and upright
13. 纪念碑	（名）	jìniànbēi	monument; memorial
14. 侧	（名）	cè	the side
15. 象征	（名）	xiàngzhēng	symbol
16. 禁地	（名）	jìndì	forbidden zone
17. 皇亲贵族		huángqīn guìzú	people of imperial family
18. 眺望	（动）	tiàowàng	to look into the distance from high place
19. 礼堂	（名）	lǐtáng	assembly hall; auditorium
20. 刻	（动）	kè	to carve; engrave
21. 题写	（动）	tíxiě	to inscribe (a title, a horizontal board)
22. 永垂不朽		yǒngchuíbùxiǔ	live forever; be immortal
23. 遗体	（名）	yítǐ	remains (of a dead person)
24. 瞻仰	（动）	zhānyǎng	to look at with reverence
25. 水晶棺	（名）	shuǐjīngguān	crystal sarcophagus
26. 综合性		zōnghéxìng	synthesis; comprehensive
27. 箭楼	（名）	jiànlóu	an embrasured watchtower over a city gate
28. 开国大典		kāiguó dàdiǎn	founding ceremony (for a state)
29. 均	（副）	jūn	without exception, all

一 选词填空

> 刻　端　达　均　侧　飘扬　雄伟壮丽　容纳　眺望　展示
> 成立　综合性　面积　唯一　矗立　拥有　位于　象征

1. 中华人民共和国（　　）于 1949 年 10 月 1 日。

第十二课　城市景观

2. 天安门广场扩建后的面积(　　　)44万平方米。

3. 不要在墙上乱(　　　)乱画。

4. 一下飞机,看到(　　　)着的五星红旗,王教授心中十分激动。

5. 人民英雄纪念碑(　　　)在天安门广场正中央。

6. 在中国,红色(　　　)幸福与吉祥。

7. 站在山顶(　　　)远处,心情十分舒畅。

8. 只要(　　　)健康的身体和乐观的心态,再大的困难也算不了什么。

9. 小张兴奋地向我们(　　　)他搜集的各国硬币。

10. 你想买多大(　　　)的房子?

11. 天安门城楼在广场的最北(　　　)。

12. 护照照片必须是正面照,不能用(　　　)面照。

13. 北京大学是一所(　　　)大学。

14. 她是我们班(　　　)的女生。

15. 天安门广场是中国近现代政治中心,中华人民共和国开国大典及国庆庆典(　　　)在此举行。

16. 广场北端是(　　　)的天安门城楼。

17. 中国(　　　)北半球。

18. 这个会议室可以(　　　)100人。

二　解释下列词语

1. 皇亲贵族:＿＿＿＿＿＿＿＿＿＿＿＿＿＿＿＿＿＿＿＿

2. 永垂不朽:＿＿＿＿＿＿＿＿＿＿＿＿＿＿＿＿＿＿＿＿

3. 开国大典:＿＿＿＿＿＿＿＿＿＿＿＿＿＿＿＿＿＿＿＿

4. 成千上万:＿＿＿＿＿＿＿＿＿＿＿＿＿＿＿＿＿＿＿＿

三　词语扩展

1. 扩建　　改建　　修建　　重建
2. 矗立　　站立　　直立
3. 成立　　创立　　建立
4. 眺望　　张望　　远望
5. 拥有　　具有　　含有　　占有
6. 展示　　显示　　表示　　演示
7. 集会　　聚会　　酒会　　舞会　　宴会

去天安门游览参观,谈谈感受

热身问题

1. 你知道天坛、地坛、日坛、月坛是什么地方吗？
2. "天圆地方"是什么意思？

阅读 二

天 坛

 提示：注意文章的重点部分
字数：514字
时间：5分钟

在北京城南端，有一座巨大的祭天神庙，这就是天坛。

天坛建成于明永乐十八年（1420年），总面积270万平方米，比故宫大4倍。天坛最南的围墙呈方型，象征地；最北的围墙呈半圆型，象征天。这种设计来自古人"天圆地方"的思想。

天坛的建筑都在一条中轴线上，最有名的三大建筑是：祈年殿、皇穹宇和圜丘坛。其中祈年殿是天坛内最雄伟的建筑，也是想象中离天最近的地方。皇帝每年都要在这里祭祀天地之神，祈求风调雨顺、五谷丰登。祈年殿的上下三层屋顶，均为深蓝色琉璃瓦，象征天色。大殿内有28根巨柱，中间4根最粗壮，象征一年四季；

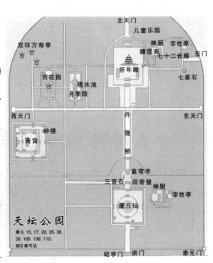

周围24根又分为2圈,内圈12根,象征一年12个月,外圈12根,象征一天12个时辰;24根合起来,象征中国农历中一年的24个节气。

说到天坛,就不能不提到它奇妙的回声。只要站在圜丘坛中心的石板上叫一声,就会听到仿佛来自地心又好像来自天空的回声,人们为它取了一个充满神秘色彩的名字:"天心石。"在皇穹宇的四周有一道厚约0.9米的围墙,一人站在一端贴着墙小声说话,站在另一端的人只要耳贴墙面就能听得十分清晰,并且还有立体声效果,这就是著名的"回音壁"。

天坛不仅在中国建筑史上占有重要地位,也是世界建筑艺术的宝贵遗产。1998年11月北京天坛被列入《世界遗产名录》。

(据中国航空旅游网)

个人理解

1. 看了介绍,哪些内容给你的印象最深?
2. 如果你有机会去参观天坛,你对什么最感兴趣?

阅读理解

一 划分文章的段落层次

二 根据课文内容选择正确答案

1. 天坛在北京城的：
   a. 北端　　　　b. 东部　　　　c. 西部　　　　d. 南端

2. 天坛比故宫：
   a. 大 4 倍　　　b. 大 3 倍　　　c. 大 2 倍　　　d. 大 1 倍

3. 天坛的设计来自古人：
   a. "天地方圆"的思想　　　　b. "天方地圆"的思想
   c. "天圆地方"的思想　　　　d. "天地方圆"的思想

4. 天坛的建筑都在一条：
   a. 中间线上　　　　b. 中轴线上
   c. 中心线上　　　　d. 中央线上

5. 天坛最宏伟的建筑是：
   a. 皇穹宇　　　　b. 祈年殿
   c. 圜丘坛　　　　d. 回音壁

6. 祈年殿最中央的四根柱子象征：
   a. 东西南北　　　　b. 春夏秋冬
   c. 上下左右　　　　d. 金木水火

7. 1998 年 11 月北京天坛被列入：
   a. 北京十大古迹　　　　b. 世界十大古迹
   c. 燕京十景　　　　　　d. 世界遗产名录

三 根据课文内容回答问题

1. 皇帝为什么要在祈年殿祭祀天地之神？
2. 皇帝祈祷什么？
3. 祈年殿的屋顶为什么用深蓝色琉璃瓦铺盖？
4. 祈年殿内的 28 根巨柱有什么象征意义？
5. 为什么"说到天坛，就不能不提到它奇妙的回声"？

重点词语

1.	神庙	（名）	shénmiào	temple
2.	围墙	（名）	wéiqiáng	enclosing wall; enclosure
3.	呈	（动）	chéng	to display or appear (in certain colour or state)
4.	中轴线	（名）	zhōngzhóuxiàn	the central line
5.	祭祀	（动）	jìsì	to offer sacrifices to; hold a ceremony for
6.	祈求	（动）	qíqiú	to hope earnestly; pray for
7.	风调雨顺		fēngtiáoyǔshùn	good weather for the crops
8.	五谷丰登		wǔgǔfēngdēng	an abundant harvest of all food crops
9.	琉璃瓦	（名）	liúliwǎ	glazed tile
10.	殿	（名）	diàn	hall; palace
11.	柱	（名）	zhù	post; upright; pillar
12.	粗壮	（形）	cūzhuàng	thick and strong
13.	圈	（量）	quān	circle; ring
14.	时辰	（名）	shíchen	one of the 12 two-hour; periods of the day
15.	节气	（名）	jiéqì	a day making one of the 24 divisions of the solar year in the traditional Chinese calendar
16.	奇妙	（形）	qímiào	wonderful; marvelous
17.	回声	（名）	huíshēng	echo
18.	神秘	（形）	shénmì	mysterious; mystical
19.	厚	（形）	hòu	thick
20.	清晰	（形）	qīngxī	clear
21.	立体声	（名）	lìtǐshēng	stereo
22.	效果	（名）	xiàoguǒ	effect
23.	列入		lièrù	list in
24.	遗产	（名）	yíchǎn	legacy; inheritance

第十二课　城市景观

专有名词

1. 天坛　　　Tiāntán　　　　　The Temple of Heaven (in Beijing)
2. 皇穹宇　　Huángqióngyǔ　　The House of Heavenly Lord
3. 祈年殿　　Qíniándiàn　　　The Hall of Annual Prayer for Good Harvests
4. 圜丘坛　　Yuánqiūtán　　　The Circular Mound Alter
5. 回音壁　　Huíyīnbì　　　　Echo Wall

词汇练习

一、解释下列词语

1. 中轴线：_____
2. 风调雨顺：_____
3. 五谷丰登：_____
4. 世界遗产：_____
5. 时辰：_____
6. 节气：_____

二、选词填空

遗产　祈求　圈　祭祀　效果　充满　厚　仿佛　呈列

1. 最近常常开夜车，我整整瘦了一(　　　)。
2. 我试了好几种减肥药，一点儿(　　　)也没有。
3. 父亲去世后，把全部(　　　)留给了女儿。
4. 皇帝每年都要在天坛(　　　)天地之神，祈求风调雨顺。
5. 春节时很多人去寺庙烧香，(　　　)幸福与吉祥。
6. 天坛最南的围墙(　　　)方型，象征地；最北的围墙(　　　)圆型，象征天。
7. 这个网站被(　　　)入了黑名单。
8. 他读这封信的时候(　　　)了感情。
9. 读着母亲的信，我(　　　)看到了母亲的笑脸。
10. 虽然风很大，但是我的衣服很(　　　)，所以一点儿也不觉得冷。

三 填写适当的词语，越多越好

1. 奇妙的（　　　）（　　　）（　　　）
2. 神秘的（　　　）（　　　）（　　　）
3. 宝贵的（　　　）（　　　）（　　　）
4. 清晰的（　　　）（　　　）（　　　）
5. 粗壮的（　　　）（　　　）（　　　）

四 词语扩展

1. 回声　　立体声　　笑声　　歌声　　琴声……
2. 遗产　　财产　　家产　　特产　　水产……

合作学习

如果可能，去天坛看看，回来与大家分享感受

第十二课 城市景观

一 片段练习

读下列各句,注意加点词语的使用,然后模仿写出几个这样的句子:

1. 天安门广场位于北京正中心。
2. 中华人民共和国成立后,扩建为面积达44万平方米,南北长880米,东西宽500米的大广场。
3. 广场北端,是雄伟壮丽的天安门城楼。天安门正对面,飘扬着中华人民共和国国旗。广场中心矗立着人民英雄纪念碑,不远处是毛主席纪念堂。广场西侧是人民大会堂,东侧是中国国家博物馆,南面是两座古代城楼——正阳门和前门箭楼。
4. 在北京城南端,有一座巨大的祭天神庙,这就是天坛。
5. 天坛建成于明永乐18年。
6. 天坛的建筑都在一条中轴线上,其中最有名的三大建筑是:皇穹宇、祈年殿和圜丘坛。

二 整体练习

400—600字作文:介绍一处名胜古迹

要求:注意空间方位的介绍,注意主要部分的介绍;
　　　注意使用片段练习中加点的词语或句式。

结构:

第一部分:总写

第二部分:分写(可以再分几个小部分)

第三部分:总写

 相关链接 ▶▶▶▶

中国被列入《世界遗产名录》的名单

1. 周口店北京人遗址 1987.12（文化遗产）
2. 甘肃敦煌莫高窟 1987.12（文化遗产）
3. 山东泰山 1987.12（文化与自然双重遗产）

4. 长城 1987.12（文化遗产）
5. 陕西秦始皇陵及兵马俑 1987.12（文化遗产）
6. 明清皇宫：北京故宫(北京)1987.12、沈阳故宫(辽宁)2004.7(文化遗产)
7. 安徽黄山 1990.12（文化与自然双重遗产）
8. 四川黄龙国家级名胜区 1992.12（自然遗产）
9. 湖南武陵源国家级名胜区 1992.12（自然遗产）
10. 四川九寨沟国家级名胜区 1992.12（自然遗产）
11. 湖北武当山古建筑群 1994.12（文化遗产）
12. 山东曲阜的孔庙、孔府及孔林 1994.12（文化遗产）
13. 河北承德避暑山庄及周围寺庙 1994.12（文化遗产）
14. 西藏布达拉宫(大昭寺、罗布林卡) 1994.12（文化遗产）
15. 四川峨眉山—乐山风景名胜区 1996.12（文化与自然双重遗产）
16. 江西庐山风景名胜区 1996.12（文化景观）
17. 苏州古典园林 1997.12（文化遗产）
18. 山西平遥古城 1997.12（文化遗产）
19. 云南丽江古城 1997.12（文化遗产）
20. 北京天坛 1998.11（文化遗产）
21. 北京颐和园 1998.11（文化遗产）
22. 福建省武夷山 1999.12（文化与自然双重遗产）
23. 重庆大足石刻 1999.12（文化遗产）
24. 皖南古村落：西递、宏村 2000.11（文化遗产）
25. 明清皇家陵寝：明显陵(湖北钟祥)、清东陵(河北遵化)、清西陵(河北易县) 2000.11、明孝陵(江苏南京)、明十三陵(北京昌平区) 2003.7、盛京三陵(辽宁沈阳) 2004.7(文化遗产)
26. 河南洛阳龙门石窟 2000.11（文化遗产）
27. 四川青城山和都江堰 2000.11（文化遗产）
28. 山西大同云冈石窟 2001.12（文化遗产）
29. 云南"三江并流"自然景观 2003.7（自然遗产）
30. 吉林高句丽王城、王陵及贵族墓葬 2004.7.1（文化遗产）
31. 澳门历史城区 2005（文化遗产）
32. 四川大熊猫栖息地 2006.7.12（自然遗产）
33. 中国安阳殷墟 2006.7.13（文化遗产）
34. 中国南方喀斯特 2007.6.27（自然遗产）
35. 开平碉楼与古村落 2007.6.28（文化遗产）

36. 福建土楼 2008.7.7（文化遗产）
37. 江西三清山 2008.7.8（自然遗产）
38. 山西五台山 2009.6.26（文化景观）
39. 嵩山"天地之中"古建筑群 2010.7.30（文化景观）
40. "中国丹霞"2010.8.1（自然遗产）

二十四节气

二十四节气起源于黄河流域。从春秋时代到秦汉年间不断完善，逐步确立。它表示了地球在轨道上运行的二十四个不同的位置，反映出一年中气候变化的规律。

地球绕太阳旋转,视运动一周为360度,分成24等份,每份15度(大约半月时间)就有一个节气。一年四季共有24节气,依次称为：立春、雨水、惊蛰、春分、清明、谷雨、立夏、小满、芒种、夏至、小暑、大暑、立秋、处暑、白露、秋分、寒露、霜降、立冬、小雪、大雪、冬至、小寒、大寒。

为了便于记忆，人们编出了二十四节气歌诀：

春雨惊春清谷天，夏满芒夏暑相连，秋处露秋寒霜降，冬雪雪冬小大寒。

二十四节气的划定是我国古代天文和气候科学的伟大成就。两千多年来，它在安排和指导农业生产过程中，发挥了重大的作用。

从这一课你学到了什么

1. _____
2. _____

综合练习(二)

第一部分：词语练习

一 选字组词

(编、遍)辑	癌(证、症)	(宝、保)贵	(驾、架)驶员	(慢、漫)画
(媒、煤)体	生物(种、钟)	书(籍、藉)	(蔬、疏)菜	细(胞、包)
(象、像)征	(逐、遂)渐	(饥、肌)肉	(借、错)口	(编、篇)幅
前(夕、歹)	(亲、新)戚	刺(积、激)	从(是、事)	导(致、至)
触(摸、模)	冲(洗、冼)	(空、控)制	(适、舌)应	(跳、眺)望
(偷、愉)懒	印(正、证)	(仁、贮)藏	(讽、风)刺	连(续、读)
(赚、嫌)钱	破(列、裂)	(营、管)理	飘(杨、扬)	祈(球、求)
促(进、近)	(戎、戒)烟	(底、低)估	(祭、蔡)祀	(魅、鬼)力
(依、衣)次	由(中、衷)	(似、拟)乎	(稍、捎)微	上(述、术)
甚(致、至)	(仿、彷)佛	(恩、思)想	(纪、记)念碑	生(里、理)学
熟(练、炼)	避(免、兔)	(采、彩)访	无(效、郊)	期(待、侍)
比(列、例)	比(喻、偷)			

二 选词填空

(一) 鸣 宜 置 绘 占 均 叙 刻
    列 绕 寻 达 争 拾 患 呈

1. 我在阅览室(　　)到一个钱包。
2. 她在自己的书桌上(　　)上了心爱的人的名字。
3. 他的名字被(　　)入吉尼斯世界记录。
4. 我每天都(　　)着湖边快步走一圈。
5. 老朋友们在一起，免不了要(　　)旧。
6. 那边的墙上贴了一张(　　)人启事。
7. 你们别(　　)了，这次饭钱由我来付。
8. 今年我校留学生人数已(　　)1000人。

9. 感冒(　　)者应该多喝水、多休息。
10. 最近感冒人数(　　)上升趋势。
11. 本次调查对象(　　)为60—70岁的老年人。
12. 这张图是由王教授亲手(　　)制的。
13. 开会时请将手机(　　)于静音状态。
14. 除夕之夜,零点一到,鞭炮齐(　　),好不热闹。
15. 这个电影少儿不(　　)。
16. 虽然周末都被孩子(　　)去了,但是父母们都心甘情愿。

(二) 存在　解决　优先　超过　突出　实现　归还
　　　平均　预防　假定　负责　联合　充满

1. 她的话(　　)关切,让我十分感动。
2. 我想尽了一切办法查杀病毒,可是病毒依然(　　)。
3. 初生儿的睡眠时间(　　)十二小时。
4. 问题终于(　　)了,大家十分兴奋。
5. (　　)你有100万,你打算怎么利用它?
6. 我从小就希望当老师,现在这个愿望终于(　　)了。
7. 这篇文章的一个(　　)特点就是使用了大量的排比句。
8. 冬天来了,我们应该常常开窗通风,(　　)感冒。
9. 这个职位(　　)考虑有工作经验的人。
10. 老张是这项工作的(　　)人,请您与他联系。
11. 拾到别人的东西应该(　　),这是起码的做人道理。
12. 我们两家公司做了一项(　　)调查,结果令人非常满意。
13. 根据2000年第5次全国人口普查,我国人口的(　　)寿命为71岁。

(三) 面积　角度　启事　疾病　结局　层次
　　　因素　对象　资格　症状　信息

1. 癌症是一种可怕的(　　)。
2. 这次调查的(　　)是12—16岁的青少年。
3. 换个(　　)看问题,常常会有新发现。
4. 中国的土地(　　)是960万平方公里。
5. 我的手机丢了,得赶紧写一个寻物(　　)。
6. 这个电影的(　　)出人意料。
7. 我的手机里有一条新(　　),可是我不知道是谁发的。
8. 这项实验十分复杂,我们要把各种(　　)都考虑进去。

9. 他没有任何（　　），可是检查的结果是癌症。
10. 他是第一批对外汉语教师（　　）获得者。
11. 很多高（　　）的人喜欢登录这个网站。

三 请把下列词语中的褒义词圈出来

非凡　典型　繁忙　孤独　合理　过度　定时　踏实　妥善
真诚　自觉　阴凉　安分　匆忙　杰出　紧急　敬业　可观
另类　普遍　清晰　紊乱　不慎

四 写出反义词

厚——
服从——
有意——
肥胖——
主动——
粗壮——
开朗——
宽容——
减轻——

五 词语连线：选择合适的搭配（可多选）

1. 保管　　　A. 鞭炮
2. 燃放　　　B. 时间
3. 费　　　　C. 习惯
4. 浪费　　　D. 矛盾
5. 化解　　　E. 形象
6. 塑造　　　F. 财物
7. 培养　　　G. 心思

六 填上适当的词语

深厚的（　　）　　神秘的（　　）　　会心的（　　）
渊博的（　　）　　圆满的（　　）　　暂时的（　　）
正直的（　　）　　唯一的（　　）　　平和的（　　）

七 选择恰当词语完成句子

1. 请(看管 / 保管)好自己的财物。
2. 现在各地都在(展开 / 开展)环境保护宣传活动。
3. (一旦 / 一同)感冒,一般需要一个星期才能好。
4. 他的态度(意识 / 意味)着他要放弃这段感情了。
5. 有事请(直接 / 直射)进来,不必敲门。
6. 经研究(证实 / 证书)你的结论是对的。
7. 他的课很有意思,学生们的情绪都被(调查 / 调动)起来了。
8. 这部小说(创刊 / 创作)于20世纪30年代。
9. 我的英语不够好,必须(对应 / 对照)着译文,才能看懂这部小说。
10. 我们(面临 / 面议)着升学的压力。
11. 父亲乐观的性格(遗产 / 遗传 / 遗失)给了儿子。
12. 我们正在做一项(问卷 / 问世)调查。
13. 这笔钱的(数据 / 数目)太大,要小心保管。
14. 在来往的(人类 / 人流)中,我发现了我的小学老师。
15. 爸爸从来不喝酒,今天高兴,(破裂 / 破例)喝了一杯。
16. 数学是一个(奇妙 / 奇遇)的世界。
17. 我的父亲是一个充满生活(情节 / 情趣)的人。
18. 10月1日是中国人民共和国(成果 / 成立 / 成就)日。
19. 老师(提示 / 提醒)我们考试的时候带2B铅笔。
20. 父亲(矗立 / 站立)在寒风中,目送儿子上了飞机。
21. 这几个图形有什么(规律 / 规定)?
22. 这次考试的难题都(集会 / 集中)在后半部分。
23. 街上的公告牌(显示 / 表示)现在的气温是5℃。
24. 我的(消化 / 消遣)方式是去网吧玩游戏。
25. 精神(焦急 / 焦虑)会导致失眠。
26. 现代人的生活(节气 / 节奏 / 节省)加快了,越来越没有时间运动了。
27. 请在信封上(注明 / 说明 / 表明)"内有照片,请勿折叠"。
28. 每个人都应该(监护 / 保护)自己的隐私权。
29. 我的(偏好 / 爱好)是打网球。
30. 汤药的(效果 / 结果)和其他的药比起来,又快又好。

八 词语填空

风调雨（　）　　多姿多（　）　　出人（　）料　　博览（　）书
不（　）而知　　褒贬不（　）　　不（　）感激　　简单（　）行
欢天（　）地　　（　）处可见　　天伦之（　）　　天真（　）邪
五谷（　）登　　五（　）八门　　心急（　）焚　　雄伟壮（　）
自（　）其乐　　（　）垂不朽　　头晕眼（　）　　失物招（　）
休闲（　）乐

九 词语扩展，注意加点的词

例：乘务员：服务员　营业员　演员　工作人员

1. 大型：
2. 综合性：
3. 几率：
4. 知情者：

第二部分：阅读写作练习

一 阅读下列文章，把恰当的汉字填写到对应的空格中

坐出租车，爱丢什么

字数：521 字
时间：4 分钟

✿✿✿✿✿✿✿✿✿

不少人都有将随(1)物品遗忘在出租车上的经历。你知道全世界的出租车司机一年内能(2)到什么东西吗？

(3)路透社报道，英国一家公司最近调查了悉尼、哥本哈根、赫尔辛基、巴黎、慕尼黑、奥斯陆、斯德哥尔摩、伦敦和芝加哥9个城市的1000多名出租车司机，并对他们的"意外收获"进行了统(4)。结果发现，仅在2004年下半年就有1.13万部笔记本电脑、3.14万部掌上电脑和20万部手机(5)乘客忘在了出租车上。其中伦敦人

对笔记本电脑最不经心,丹麦乘客最容易丢手机,芝加哥人则经常把掌上电脑遗忘在出租车后座上。

除了这些数字产品(6),出租车司机还经常在车上发现很多五花八门的随身物品,如奶瓶、宠物、内衣、刀具等,当然还有行李。一位出租车司机甚(7)还捡到过一个婴儿,她是被粗心的父母遗忘在车上的。调查还(8)示,2004年下半年,伦敦乘客将掌上电脑遗忘在车上的个例增加了350%,遗忘笔记本电脑的个例增加了71%。

大多数的哥都很诚实,能(9)失物归还失主。(10)调查的数字显示,全球范围内丢在出租车上的80%的手机和96%的电脑都能找到主人,大多数是司机亲自送(11)的。赫尔辛基和斯德哥尔摩的的哥最诚实,笔记本电脑和掌上电脑的归还(12)高达100%,手机的归还率分别为75%和92%。悉尼的乘客最不幸,失主中只有46%的人能拿回手机,18%的人笔记本电脑能失而复得。

(据2005年1月26日《环球时报》)

1	2	3	4	5	6	7	8	9	10	11	12

二 用3—5句话说出课文的大意

三 根据课文内容选择答案

1. 据英国一家公司的调查结果,2004年下半年丢失的掌上电脑有:
   a. 1.13万部   b. 3.14万部   c. 20万部   d. 1000万部

2. 伦敦人最爱丢的东西是:
   a. 手机   b. 笔记本电脑
   c. 掌上电脑   d. 行李

3. "失主"的意思是:
   a. 丢掉的东西   b. 丢东西的人
   c. 找东西的人   d. 失去的主人

4. 课文中没有提到的是：
   a. 丢在出租汽车上的东西五花八门
   b. 大多数司机都能将财物物归原主
   c. 曾有人把婴儿丢在出租车上
   d. 2004年丢失在出租车上的东西比往年多

5. 根据调查,哪里的出租汽车司机最诚实？
   a. 悉尼、哥本哈根　　　b. 赫尔辛基、斯德哥尔摩
   c. 巴黎、慕尼黑　　　　d. 伦敦、芝加哥

6. "笔记本电脑和掌上电脑的归还率高达100%"的意思是：
   a. 丢失的笔记本电脑和掌上电脑都会回到失主手里
   b. 丢失的笔记本电脑和掌上电脑从来找不回来
   c. 丢失的笔记本电脑和掌上电脑都不会被损坏
   d. 丢失的笔记本电脑和掌上电脑一定能找得到

四　根据文章中的内容拟写几个寻物启事或者招领启事

五　调查报告

在学生或者朋友中间进行问卷调查,调查内容比如:是否在出租车上丢过东西、是否找回、如何找回等等。

第一步:设计问卷。
第二步:统计结果。
第三步:分析结果得出结论。
第四步:写作。
要求:使用正规书面语;注意数据的使用和说明。

第三部分：分享与反思

一　总结第 7—12 课的学习要点

课目	要点
第七课　读书时间	
第八课　启事	
第九课　提示与告示	
第十课　小调查	
第十一课　健康话题	
第十二课　城市景观	

二　写出你觉得最有收获的十个句子

1.
2.
3.
4.
5.
6.
7.
8.
9.
10.

三　朗读你最满意的作文，与大家分享。请大家评析，找出自己需要改进的方面

部分练习参考答案

第一课

阅读一

阅读理解

二、1. ×　2. ×　3. √　4. ×　5. √　6. ×

词汇练习

一、

(一) 1. 暑假　2. 任务　3. 代售点　4. 尾　5. 高峰

(二) 1. 兴奋　2. 紧张　3. 得意　4. 好不容易　5. 白　6. 如何　7. 无可奈何

(三) 1. 愣　2. 排队　3. 度过　4. 微笑　5. 同情　6. 浸湿　7. 期待

阅读二

阅读理解

一、1. c　2. a　3. c　4. b　5. c

词汇练习

一、

(一) 1. 醒　2. 翻　3. 反应　4. 递　5. 奔　6. 恢复　7. 抱怨　8. 摆弄　9. 保证　10. 嘲笑　11. 安慰　12. 掏

(二) 1. 极度　2. 状态　3. 目的地　4. 勇气　5. 彻底　6. 呼吸　7. 忧愁　8. 傻　9. 惨　10. 赶紧　11. 渐渐

三、1. 慢慢　2. 笨　3. 反应　4. 状况　5. 勇敢　6. 摆放　7. 物品

部分练习参考答案

第二课

阅读一

阅读理解

一、1. ×　2. √　3. ×　4. ×　5. ×　6. √　7. ×　8. √

三、3. 语言伤害的不良影响

四、1. d　2. c　3. b　4. a　5. b　6. d　7. a

词汇练习

一、1. 发脾气　2. 拔钉子　3. 失去耐性　4. 增加数量
　　5. 减少控制　6. 造成伤害　7. 打开窗户

二、

（一）1. 恢复　2. 捅　3. 承受　4. 看待　5. 减少　6. 控制
　　　7. 造成　8. 令　9. 扇

（二）1. 伤口　2. 理由　3. 耐性　4. 数量　5. 伤害　6. 宽容
　　　7. 意想不到　8. 完整

三、1. 捅　2. 接受　3. 对待　4. 造成　5. 伤害　6. 完美

阅读二

词汇练习

二、

（一）1. 洗漱　2. 赶　3. 拦　4. 交代　5. 痛骂　6. 指责　7. 憋　8. 趴　9. 溜
　　　10. 有如

（二）1. 一连串　2. 走廊　3. 职位　4. 零食　5. 恶劣　6. 愤愤
　　　7. 谨慎　8. 迅速　9. 顿　10. 无故

三、1. 闯红灯　2. 开罚单　3. 吃枪药　4. 生闷气

第三课

阅读一

阅读理解

一、1. ×　2. ×　3. √　4. √　5. √　6. ×

词汇练习

一、
(一) 1. 挣钱　2. 养家　3. 出人头地　4. 摸　5. 夹　6. 抬头
　　 7. 处理　8. 兜风　9. 退休　10. 抚摸　11. 意识
(二) 1. 模样　2. 怀　3. 恐怕　4. 失望　5. 坚强
　　 6. 魁梧　7. 挺拔　8. 朝气蓬勃　9. 自豪　10. 熟悉

阅读二

阅读理解

一、
　1. E　2. I　3. H　4. C　5. A　6. M　7. L　8. D　9. B　10. N　11. O　12. G
　13. F　14. J　15. K　16. Q　17. P

词汇练习

一、
(一) 1. 电梯　2. 安眠药　3. 时尚　4. 防盗门　5. 单位　6. 庙
　　 7. 职位　8. 住宅
(二) 1. 植树　2. 栽　3. 撬　4. 磕头　5. 谋　6. 患
　　 7. 肥胖　8. 熬夜　9. 堆　10. 颠倒
二、1. 乘电梯　2. 打喷嚏　3. 栽盆景　4. 立柱子　5. 安防盗门　6. 找对象
　　 7. 谈恋爱　8. 开轿车　9. 发短信　10. 加班　11. 补课

第四课

阅读一

阅读理解

一、1. b 2. a 3. b 4. d 5. b 6. b

词汇练习

一、
(一) 1. 顾客 2. 收入 3. 生意 4. 差别 5. 情形 6. 答案
    7. 思维 8. 信息
(二) 1. 隔 2. 微笑 3. 迎 4. 盛 5. 占
    6. 要求 7. 红火 8. 迷惑不解 9. 同样 10. 利用
    11. 不声不响 12. 争取

二、1. 区别 2. 计算 3. 情况 4. 客人 5. 何

三、1. 提出要求 2. 找到答案 3. 盛粥 4. 留余地 5. 做决定

阅读二

阅读理解

一、1. × 2. √ 3. × 4. √ 5. × 6. √ 7. √ 8. ×

四、1. 一(座)房子 2. 一(道)风景 3. 一(片)山野 4. 一(道)墙

词汇练习

二、1. 行驶 2. 减速 3. 返回 4. 推荐 5. 支付 6. 隐藏
    7. 拐弯 8. 旅途 9. 噪音

三、1. 机会 2. 简陋 3. 寂静 4. 疲劳 5. 绝对 6. 慢慢
    7. 窃窃

第五课

阅读一

词汇练习

一、
（一）1. 呵斥　　2. 反应　　3. 诉说　　4. 蹒跚　　5. 拉家常
　　　6. 挽留　　7. 嘟囔　　8. 沾　　　9. 依偎　　10. 隔
　　　11. 叮嘱　12. 目送　13. 挥手
（二）1. 稳　　　2. 悠闲　　3. 暖洋洋　4. 不悦　　5. 得意
　　　6. 默默无语　7. 委屈　8. 常规　　9. 则　　　10. 仿佛
　　　11. 泪如泉涌　12. 刹那

二、1. 量血压　2. 拿话筒　3. 下象棋　4. 打扑克　5. 养花　6. 挂电话
　　7. 搬凳子

阅读二

阅读理解

一、1. ×　2. ×　3. √　4. ×　5. ×　6. √　7. ×　8. √　9. ×

词汇练习

一、
（一）1. 享受　　2. 演讲　　3. 告辞　　4. 忠告　　5. 负责　　6. 添油加醋
　　　7. 责怪　　8. 哄　　　9. 埋怨　　10. 过世　　11. 整理　　12. 适应
（二）1. 随着　　2. 情节　　3. 浑身　　4. 细节　　5. 专题　　6. 忠实
　　　7. 郑重　　8. 悲哀　　9. 情不自禁　　10. 成家立业
　　　11. 卖力　12. 气喘吁吁

二、1. 捂耳朵　2. 润嗓子　3. 跺脚　4. 讲故事　5. 哄孩子　6. 端茶

第六课

阅读一

词汇练习

一．1. 吃亏　　2. 拥有　　3. 培养　　4. 保持　　5. 淘金　　6. 珍惜

7. 知足　　8. 负担　　9. 赏识　　10. 感恩　　11. 耐用　　12. 明亮
13. 懒惰　　14. 惬意　　15. 沙漠　　16. 光彩　　17. 吃…苦头

三、1. 获得赏识　　2. 养成习惯　　3. 拣起纸屑　　4. 培养孩子　　5. 换灯管
　　6. 擦自行车

阅读二

词汇练习

一、
(一) 1. 引用　　2. 解释　　3. 夸奖　　4. 缺乏　　5. 逢　　6. 归
　　7. 恋爱　　8. 睁
(二) 1. 感受　　2. 境遇　　3. 物质　　4. 心态　　5. 局部　　6. 战争
　　7. 和平　　8. 饥饿

二、1. 安逸　2. 充分　3. 明媚　4. 舒畅　5. 干　6. 原本　7. 如此

综合练习(一)

第一部分

一、浑身　　专题　　状态　　蹒跚　　处理
　　返回　　恢复　　夸奖　　行驶　　享受
　　珍惜　　缺乏　　挽留　　彻底　　高峰
　　身影　　暑假　　沙漠　　旅途　　秘书
　　脾气　　思维　　绝对　　告辞　　依偎
　　仿佛　　恐怕　　演讲　　整理　　退休
　　赏识　　拥有　　抚摸　　埋怨　　任务
　　收入　　数量　　顾客　　精神　　空间
　　理由　　呼吸　　细节　　勇气　　心态
　　信息　　局部　　忧愁　　抱怨　　嘲笑
　　安慰　　呵斥　　指责　　目的地
　　一刹那　　一连串

二、
(一) 1. 拔　2. 翻　3. 递　4. 奔　5. 憋　6. 拦　7. 夹　8. 溜　9. 摸
　　10. 趴　11. 盛　12. 掏　13. 迎　14. 醒　15. 捅　16. 捂　17. 逢　18. 归
　　19. 愣　20. 撬

(二) 1. 堆　2. 顿　3. 抹　4. 扇
(三) 1. 度过　2. 交代　3. 解释　4. 控制　5. 隔　6. 利用
　　 7. 修理　8. 要求　9. 意识　10. 支付　11. 引用　12. 隐藏
　　 13. 造成　14. 责怪　15. 傻　16. 诉说　17. 培养　18. 适应
　　 19. 推荐　20. 微笑
(四) 1. 渐渐　2. 缓缓　3. 愤愤　4. 窃窃　5. 则　6. 随
　　 7. 令　8. 同样

三、
(一) 1. 跺脚　2. 患病　3. 挥手　4. 熬夜　5. 磕头　6. 转身
　　 7. 喝粥　8. 栽树　9. 摇头　10. 挣钱　11. 抬头　12. 睁眼
　　 13. 植树　14. 获胜
(二) 1. 发脾气　2. 润嗓子　3. 吃零食　4. 谋职位　5. 受委屈　6. 留余地
　　 7. 谈恋爱　8. 哄孩子　9. 闯红灯　10. 拉家常　11. 打喷嚏　12. 吃苦头

四、1. 安逸　2. 保证　3. 负担　4. 减速　5. 和平　6. 耐用
　　 7. 明亮　8. 情节　9. 如此　10. 伤口　11. 时期　12. 物品
　　 13. 占　14. 租金　15. 忠实　16. 承受　17. 叮嘱　18. 区别
　　 19. 赶　20. 感受　21. 看待　22. 境遇

五、
百思不(解)　　(百)无聊赖　　不(辞)辛苦　　不声不(响)　　步履(沉)重
成家(立)业　　(朝)气蓬勃　　出人头(地)　　多此一(举)　　灯火通(明)
大(惊)失色　　连锁反(应)　　荒无人(烟)　　光亮(如)新　　好(不)容易
好说(歹)说　　挥(汗)如雨　　莫名(其)妙　　默默无(语)　　泪如(泉)涌
没头没(脑)　　迷惑不(解)　　添油加(醋)　　情不自(禁)　　劈头盖(脸)
破涕(为)笑　　(气)喘吁吁　　气(急)败坏　　隐隐(约)(约)　　(意)想不到
因人而(异)　　痛苦不(堪)　　无可奈(何)　　无人问(津)

第二部分

一、
(一)

1	2	3	4	5	6	7	8	9	10	11	12
发生	安慰	原来	留	等	所以	如果	还是	亲眼	故意	只有	宽容

(四) 1. 当翻译　2. 问明原因　3. 受到惊吓　4. 提出抗议　5. 踮起脚尖
　　 6. 培养孩子

部分练习参考答案

第七课

阅读一

阅读理解

一、1. d　2. a　3. b　4. b

词汇练习

一、
(一) 1. 漫画　　2. 奇遇　　3. 矛盾　　4. 情趣　　5. 情节　　6. 结局
　　 7. 魅力　　8. 创作　　9. 写照　　10. 版本
(二) 1. 问世　　2. 惹事　　3. 塑造　　4. 调动　　5. 遍及　　6. 会心
　　 7. 展开　　8. 甚至　　9. 似乎　　10. 无须
(三) 1. 安分　　2. 正直　　3. 真诚　　4. 宽容　　5. 圆满　　6. 典型
　　 7. 天真　　8. 深厚　　9. 平凡　　10. 平和　　11. 由衷

二、1. 会心的微笑　2. 深厚的感情　3. 真实的写照　4. 圆满的结局
　　5. 动人的形象　6. 平和的心态　7. 乐观的态度

三、出人(意)料　　(幽)默动人　　天真无(邪)　　自寻其(乐)
　　化解(矛)盾

阅读二

阅读理解

一、2.

三、1. √　2. ×　3. √　4. √　5. √　6. √　7. √　8. ×

词汇练习

一、
(一) 1. 书籍　　2. 篇幅　　3. 数目　　4. 内科　　5. 成就　　6. 人类
　　 7. 思想　　8. 成果　　9. 秒
(二) 1. 杰出　　2. 渊博　　3. 繁忙　　4. 可观　　5. 规定　　6. 破例
　　 7. 解决　　8. 浪费　　9. 意味着　10. 超过　11. 简单易行
(三) 1. 实现　　2. 培养　　3. 上述　　4. 占　　　5. 一旦　　6. 假定
　　 7. 平均　　8. 任教

三、1. 渊博的知识　　2. 可观的数量　　3. 排得很满的时间表

4. 简单易行的方法　5. 一般性的书籍　　　6. 空余的时间
7. 杰出的成就

第八课

阅读一

词汇练习

一、
(一) 1. 花样　　2. 心急如焚　3. 若干　　4. 五花八门　5. 妥善
　　 6. 唯一　　7. 宝贵　　　8. 随处可见
(二) 1. 拾　　　2. 遗失　　　3. 管理　　4. 悬赏　　5. 归还　　6. 提醒
二、1. 焦急　　2. 感谢　　　3. 保管　　4. 急忙　　5. 速　　　6. 财物
　　 7. 认领　　8. 寻

阅读二

阅读理解

一、3
二、1. ab　2. cd　3. abc　4. abcd
三、1. √　2. ×　3. ×　4. ×　5. ×　6. ×　7. √　8. √　9. √　10. ×
　　 11. √

词汇练习

一、
(一) 1. 资格　　2. 漫画　　3. 编辑　　4. 媒体　　5. 软件　　6. 证书
　　 7. 信息
(二) 1. 诚　　　2. 有意　　3. 开朗　　4. 应届　　5. 优先　　6. 讽刺
　　 7. 注明　　8. 负责　　9. 从事　　10. 恕
二、1. 绘　　　2. 适应　　3. 来访　　4. 熟练　　5. 美术

部分练习参考答案

第九课

阅读一

词汇练习

一、
(一) 1. 微波炉　2. 罐头　3. 液体　4. 产品　5. 文物　6. 杂物
　　 7. 纸屑　　8. 废弃物
(二) 1. 吞食　　2. 宜　　3. 监护　4. 避免　5. 不慎　6. 冲洗
　　 7. 触摸　　8. 提示　9. 看管　10. 窃　11. 储蓄　12. 戒烟
　　 13. 绕　　14. 贮藏　15. 置
(三) 1. 阴凉　　2. 无效　3. 暂时　4. 自觉　5. 一同　6. 直接
　　 7. 直射　　8. 以免　9. 以防

阅读二

阅读理解
二、4

词汇练习
一、1. 优雅　2. 观赏　3. 事项　4. 谢绝　5. 状态　6. 很近
　　7. 制造　8. 放　　9. 保持　10. 停留　11. 维修　12. 设施
二、1. 攀折花木　2. 践踏草坪　3. 翻越围墙　4. 遵守条例　5. 放风筝
　　6. 搭帐篷　　7. 观看演出　8. 爱护园林　9. 携带宠物

第十课

阅读一

词汇练习

一、1. 检查　2. 采访　3. 收集　4. 联合　5. 证明　6. 说明
　　7. 度过　8. 期望　9. 娱乐　10. 显示　11. 节约　12. 反应
二、1. 尽管　2. 孤独　3. 普遍　4. 合理　5. 无奈　6. 连续
　　7. 比例　8. 蔬菜　9. 亲戚　10. 问卷　11. 赚钱　12. 控制
三、1. 忙于工作　2. 享受天伦之乐　3. 同叙手足情　4. 欢度除夕

阅读二

词汇练习
二、1. 超过　　2. 服从　　3. 采访　　4. 岗位　　5. 行业　　6. 争
　　7. 节奏　　8. 偏好　　9. 依次　　10. 消遣　　11. 主动　　12. 集中
　　13. 另类　14. 休闲　15. 型　　16. 期待　　17. 非凡

三、
（一）1. 庆祝新年　2. 燃放鞭炮　3. 打麻将　　4. 玩扑克　5. 分析数据
（二）1. 层次高　　2. 节奏快　　3. 重点突出　4. 鞭炮齐鸣

第十一课

阅读一

阅读理解
三、4

词汇练习
一、
（一）1. 显示　　2. 减轻　　3. 低估　　4. 比喻　　5. 患　　6. 代谢
　　　7. 逐渐　　8. 充满　　9. 促进　　10. 消化　　11. 头晕眼花
（二）1. 成　　　2. 定时　　3. 合理　　4. 宜　　　5. 稍微　6. 热带
　　　7. 生理学　8. 角度　　9. 症状　　10. 生物钟

三、1. 享受乐趣　2. 做出决定　3. 放松心情　4. 减轻压力　5. 养成习惯
　　6. 改善睡眠

阅读二

阅读理解
二、1. d　2. c　3. a　4. d　5. d　6. d　7. d

词汇练习
一、1. 遗传　　2. 因素　　3. 规则　　4. 几率　　5. 理由　　6. 意识
　　7. 普通　　8. 医学　　9. 过度　　10. 焦虑　　11. 对照　　12. 证明
　　13. 面对　14. 分裂

二、1. 引发　　2. 疾病　　3. 细胞　　4. 肌肉　　5. 紊乱　　6. 骤

7. 存在　　8. 预防　　9. 控制　　10. 导致　　11. 偷懒　　12. 刺激

第十二课

阅读一

阅读理解

三、1. √　2. ×　3. √　4. ×　5. √　6. √　7. ×　8. √　9. √　10. √
11. √

词汇练习

一、1. 成立　　2. 达　　3. 刻　　4. 飘扬　　5. 矗立　　6. 象征
　　7. 眺望　　8. 拥有　　9. 展示　　10. 面积　　11. 端　　12. 侧
　　13. 综合性　14. 唯一　15. 均　　16. 雄伟壮丽　　17. 位于
　　18. 容纳

阅读二

阅读理解

二、1. d　2. a　3. c　4. b　5. b　6. b　7. d

词汇练习

二、1. 圈　　2. 效果　　3. 遗产　　4. 祭祀　　5. 祈求　　6. 呈
　　7. 列　　8. 充满　　9. 仿佛　　10. 厚

综合练习（二）

第一部分

一、编辑　　癌症　　宝贵　　驾驶员　　漫画
　　媒体　　生物钟　书籍　　蔬菜　　细胞
　　象征　　逐渐　　肌肉　　借口　　篇幅
　　前夕　　亲戚　　刺激　　从事　　导致
　　触摸　　冲洗　　控制　　适应　　眺望
　　偷懒　　印证　　贮藏　　讽刺　　连续

赚钱　　破裂　　管理　　飘扬　　祈求
促进　　戒烟　　低估　　祭祀　　魅力
依次　　由衷　　似乎　　稍微　　上述
甚至　　仿佛　　思想　　纪念碑　生理学
熟练　　避免　　采访　　无效　　期待
比例　　比喻

二、

(一) 1.拾　2.刻　3.列　4.绕　5.叙　6.寻　7.争　8.达
9.患　10.呈　11.均　12.绘　13.置　14.鸣　15.宜　16.占

(二) 1.充满　2.存在　3.超过　4.解决　5.假定　6.实现
7.突出　8.预防　9.优先　10.负责　11.归还　12.联合
13.平均

(三) 1.疾病　2.对象　3.角度　4.面积　5.启事　6.结局
7.信息　8.因素　9.症状　10.资格　11.层次

五、1.保管财物　2.燃放鞭炮　3.费心思　4.浪费时间　5.化解矛盾
6.塑造形象　7.培养习惯

七、1.保管　2.开展　3.一旦　4.意味　5.直接　6.证实
7.调动　8.创作　9.对照　10.面临　11.遗传　12.问卷
13.数目　14.人流　15.破例　16.奇妙　17.情趣　18.成立
19.提醒　20.站立　21.规律　22.集中　23.显示　24.消遣
25.焦虑　26.节奏　27.注明　28.保护　29.爱好　30.效果

八、风调雨(顺)　　多姿多(彩)　　出人(意)料　　博览(群)书
不(得)而知　　褒贬不(一)　　不(胜)感激　　简单(易)行
欢天(喜)地　　(随)处可见　　天伦之(乐)　　天真(无)邪
五谷(丰)登　　五(花)八门　　心急(如)焚　　雄伟壮(丽)
自(寻)其乐　　(永)垂不朽　　头晕眼(花)　　失物招(领)
休闲(娱)乐

第二部分

一、

1	2	3	4	5	6	7	8	9	10	11	12
身	捡	据	计	被	外	至	显	将	该	还	率

三、1. b　2. b　3. b　4. d　5. b　6. a

词汇总表

A

癌症	áizhèng	11—2
安分	ānfèn	7—1
安眠药	ānmiányào	3—2
安慰	ānwèi	1—1
安逸	ānyì	6—2
熬夜	áoyè	3—2

B

疤痕	bāhén	2—1
拔	bá	2—1
百思不解	bǎisībùjiě	2—2
百无聊赖	bǎiwúliáolài	4—2
摆弄	bǎinòng	1—2
版本	bǎnběn	7—1
褒贬不一	bāobiǎnbùyī	10—2
宝贵	bǎoguì	8—1
保持	bǎochí	6—1
保管	bǎoguǎn	8—1
保证	bǎozhèng	1—2
抱怨	bàoyuàn	1—2
悲哀	bēi'āi	5—2
奔	bèn	1—2
比例	bǐlì	10—1
比喻	bǐyù	11—1
避免	bìmiǎn	9—1
编辑	biānjí	8—2
鞭炮	biānpào	10—2
扁圆	biǎnyuán	7—1
遍及	biànjí	7—1
表明	biǎomíng	10—1
憋	biē	2—2
博览群书	bólǎnqúnshū	7—2
不辞辛苦	bùcíxīnkǔ	4—2
不得而知	bùdé'érzhī	10—2
不慎	bú shèn	8—1
不声不响	bùshēngbùxiǎng	4—1
不胜感激	búshènggǎnjī	8—1
不悦	bú yuè	5—1
步履沉重	bùlǚchénzhòng	6—1

C

财物	cáiwù	8—1
采访	cǎifǎng	10—1
采用	cǎiyòng	10—1
惨	cǎn	1—2
侧	cè	12—1
层次	céngcì	10—2
差别	chābié	4—1
产品	chǎnpǐn	9—1
常规	chángguī	5—1
超过	chāoguò	7—2
巢	cháo	10—1
嘲笑	cháoxiào	1—2
车次	chēcì	1—2
彻底	chèdǐ	1—2
沉	chén	4—1
(三)成	(sān)chéng	11—1

成果	chéngguǒ	7—2	代售点	dàishòudiǎn	1—1
成家立业	chéngjiālìyè	5—2	代谢	dàixiè	11—1
成就	chéngjiù	7—2	单位	dānwèi	3—2
成立	chénglì	12—1	导致	dǎozhì	11—2
呈	chéng	12—2	得意	déyì	1—1
诚	chéng	8—2	灯管	dēngguǎn	6—1
承受	chéngshòu	2—1	灯光	dēngguāng	6—2
乘务员	chéngwùyuán	1—1	灯火通明	dēnghuǒtōngmíng	6—1
盛	chéng	4—1	凳子	dèngzi	5—1
吃苦头	chī kǔtóu	6—1	低估	dīgū	11—1
吃亏	chīkuī	6—1	递	dì	1—2
吃枪药	chī qiāngyào	2—2	颠倒	diāndǎo	3—2
冲洗	chōngxǐ	9—1	典型	diǎnxíng	7—1
充满	chōngmǎn	11—1	电梯	diàntī	3—2
充实	chōngshí	6—2	殿	diàn	12—2
出人头地	chūréntóudì	3—1	调查	diàochá	10—1
出人意料	chūrényìliào	7—1	调动	diàodòng	7—1
处理	chǔlǐ	3—1	爹娘	diēniáng	3—2
储蓄	chǔxù	9—1	叮嘱	dīngzhǔ	5—1
触摸	chùmō	9—1	钉子	dīngzi	2—1
矗立	chùlì	12—1	钉	dìng	2—1
闯红灯	chuǎng hóngdēng	2—2	定时	dìngshí	11—1
创刊	chuàngkān	8—2	动脉硬化	dòngmài yìnghuà	11—1
创作	chuàngzuò	7—1	洞	dòng	2—1
刺激	cìjī	11—2	兜	dōu	1—2
匆忙	cōngmáng	8—1	兜风	dōufēng	3—1
从事	cóngshì	8—2	嘟囔	dūnang	5—1
粗壮	cūzhuàng	12—2	度过	dùguò	1—1
促进	cùjìn	11—1	端	duān	12—1
存在	cúnzài	11—2	堆	duī	3—1
			对象	duìxiàng	10—1
			对应	duìyìng	10—1
D			对照	duìzhào	11—2
达	dá	12—1	顿	dùn	2—2
大惊失色	dàjīngshīsè	1—2	多此一举	duōcǐyìjǔ	6—1

| 多姿多彩 | duōzīduōcǎi | 10—2 |
| 跺脚 | duòjiǎo | 5—2 |

E

| 额头 | étóu | 5—2 |
| 恶劣 | èliè | 2—2 |

F

发脾气	fā píqi	2—1
罚单	fádān	2—2
翻	fān	1—2
繁忙	fánmáng	7—2
反应(反应过来)	fǎnyìng	5—1
反应(连锁反应)	fǎnyìng	1—2
返回	fǎnhuí	4—2
防盗门	fángdàomén	3—2
仿佛	fǎngfú	5—1
非凡	fēifán	10—2
肥胖	féipàng	3—2
废弃物	fèiqìwù	9—1
费心思	fèi xīnsi	8—1
分裂	fēnliè	11—2
愤愤	fènfèn	2—1
风调雨顺	fēngtiáoyǔshùn	12—2
逢	féng	6—2
讽刺	fěngcì	8—2
服从	fúcóng	10—2
抚摸	fǔmō	3—1
负担	fùdān	6—1
负责	fùzé	5—2

G

甘霖	gānlín	6—2
赶	gǎn	2—2
赶紧	gǎnjǐn	1—2
感恩	gǎn'ēn	6—1
感受	gǎnshòu	6—2
岗位	gǎngwèi	10—2
高峰期	gāofēngqī	1—1
高血压	gāoxuèyā	3—2
高血脂	gāoxuèzhī	3—2
高脂	gāozhī	11—2
告辞	gàocí	5—2
隔	gé	4—1
公文包	gōngwénbāo	3—1
公寓	gōngyù	8—1
宫廷	gōngtíng	12—1
孤独	gūdú	10—1
固定	gùdìng	4—1
顾客	gùkè	4—1
拐弯	guǎiwānr	4—2
观众席	guānzhòngxí	8—1
管理	guǎnlǐ	8—1
罐头	guàntou	9—1
光彩	guāngcǎi	6—1
光亮如新	guāngliàngrúxīn	6—1
归	guī	6—2
归还	guīhuán	8—1
规定	guīdìng	7—2
规律	guīlǜ	11—2
果冻	guǒdòng	9—1
过度	guòdù	11—2
过世	guòshì	5—2

H

| 海报栏 | hǎibàolán | 8—1 |
| 旱 | hàn | 6—2 |

行业	hángyè	10—2	饥饿	jī'è	6—2
好不容易	hǎobùróngyì	1—1	机遇	jīyù	4—2
好说歹说	hǎoshuōdǎishuō	2—2	肌肉	jīròu	11—2
呵斥	hēchì	5—1	极度	jídù	1—2
合理	hélǐ	10—1	即席	jíxí	5—2
何	hé	4—1	疾病	jíbìng	11—2
和平	hépíng	6—2	集会	jíhuì	12—1
和尚	héshang	3—2	集中	jízhōng	10—2
红火	hónghuo	4—1	纪念碑	jìniànbēi	12—1
哄	hǒng	5—2	祭(祀)	jì(sì)	12—2
后院	hòuyuàn	2—1	寂寞	jìmò	4—2
厚	hòu	12—2	夹	jiā	3—1
呼吸	hūxī	1—2	假定	jiǎdìng	7—2
花样	huāyàng	8—1	驾驶员	jiàshǐyuán	11—1
化解	huàjiě	7—1	坚强	jiānqiáng	3—1
话筒	huàtǒng	3—1	监护	jiānhù	9—1
怀	huái	3—1	拣	jiǎn	8—1
欢天喜地	huāntiānxǐdì	10—2	减轻	jiǎnqīng	11—1
缓缓	huǎnhuǎn	4—2	减少	jiǎnshǎo	2—1
患	huàn	3—2	减速	jiǎnsù	4—2
荒无人烟	huāngwúrényān	4—2	简单易行	jiǎndānyìxíng	7—2
皇亲贵族	huángqīnguìzú	12—1	简陋	jiǎnlòu	4—2
挥汗如雨	huīhànrúyǔ	3—2	渐渐	jiànjiàn	1—2
挥手	huīshǒu	5—1	箭楼	jiànlóu	12—1
恢复	huīfù	1—2	交代	jiāodài	2—2
回声	huíshēng	12—2	焦急	jiāojí	8—1
会心	huìxīn	7—1	焦虑	jiāolǜ	11—2
绘	huì	8—2	角度	jiǎodù	11—1
浑身	húnshēn	5—2	轿车	jiàochē	3—2
火腿肠	huǒtuǐcháng	3—2	节气	jiéqi	12—2
获胜	huò shèng	4—1	节省	jiéshěng	10—1
			节奏	jiézòu	10—2
			杰出	jiéchū	7—2
			结局	jiéjú	7—1
几率	jīlǜ	11—2	结算	jiésuàn	4—1

J

解决	jiějué	7—2
解释	jiěshì	6—2
戒烟	jiè yān	9—1
借口	jièkǒu	11—2
尽管	jǐnguǎn	10—1
紧急	jǐnjí	8—1
紧张	jǐnzhāng	1—1
谨慎	jǐnshèn	2—2
尽欢而散	jìnhuān'érsàn	5—2
浸湿	jìnshī	1—1
禁地	jìndì	12—1
精神	jīngshén	4—2
敬业	jìngyè	8—2
静园	jìng yuán	9—2
境遇	jìngyù	6—2
局部	júbù	6—2
绝对	juéduì	4—2
均	jūn	12—1

K

开国大典	kāiguó dàdiǎn	12—1
开朗	kāilǎng	8—2
看管	kānguǎn	9—1
看待	kàndài	2—1
磕头	kētóu	3—2
可观	kěguān	7—2
刻	kè	12—1
空间	kōngjiān	4—1
恐怕	kǒngpà	3—1
控制	kòngzhì	2—1
夸奖	kuājiǎng	6—2
宽容	kuānróng	2—1
魁梧	kuíwǔ	3—1
扩建	kuòjiàn	12—1

L

垃圾桶	lājītǒng	6—1
拉家常	lā jiācháng	5—1
拦	lán	2—2
懒惰	lǎnduò	6—1
浪费	làngfèi	7—2
泪如泉涌	lèirúquányǒng	5—1
愣	lèng	1—1
礼堂	lǐtáng	12—1
理由	lǐyóu	2—1
立体声	lìtǐshēng	12—2
利用	lìyòng	4—1
连续	liánxù	10—1
联合	liánhé	10—1
脸颊	liǎnjiá	3—1
恋爱	liàn'ài	6—2
列(入)	liè(rù)	12—2
烈性	lièxìng	11—2
零食	língshí	2—2
令	lìng	2—1
另类	lìnglèi	10—2
溜	liū	2—2
琉璃瓦	liúliwǎ	12—2
炉子	lúzi	9—1
旅途	lǚtú	4—2

M

麻将	májiàng	10—2
马甲	mǎjiǎ	7—1
埋怨	mányuàn	5—2
卖力	màilì	5—2
漫画	mànhuà	7—1
锚	máo	4—1

矛盾	máodùn	7—1
没头没脑	méitóuméinǎo	2—2
媒体	méitǐ	8—2
美编	měibiān	8—2
美术	měishù	8—2
魅力	mèilì	7—1
闷气	mènqì	2—2
迷惑不解	míhuòbùjiě	4—1
迷走神经	mízǒu shénjīng	11—2
秘书	mìshū	2—2
面积	miànjī	12—1
面临	miànlín	11—2
面议	miànyì	8—2
喵呜	miāowū	2—2
秒	miǎo	7—2
庙	miào	3—2
明火	mínghuǒ	9—1
明亮	míngliàng	6—1
明媚	míngmèi	6—2
鸣	míng	10—2
摸	mō	3—1
抹	mò	6—2
莫名其妙	mòmíngqímiào	2—2
默默无语	mòmòwúyǔ	5—1
谋	móu	3—2
模样	múyàng	3—1
目的地	mùdìdì	1—2
目送	mùsòng	5—1
牧场	mùchǎng	6—1

N

内分泌	nèifēnbì	11—2
内科	nèikē	7—2
内乱	nèiluàn	6—2
耐性	nàixìng	2—1
耐用	nàiyòng	6—1
农作物	nóngzuòwù	6—1
暖洋洋	nuǎnyángyáng	5—1

P

趴	pā	2—2
排版	páibǎn	8—2
排队	páiduì	1—1
蹒跚	pánshān	5—1
培养	péiyǎng	6—1
喷嚏	pēntì	3—2
盆景	pénjǐng	3—2
劈头盖脸	pītóugàiliǎn	2—2
疲惫	píbèi	4—2
脾气	píqi	2—1
偏好	piānhào	10—2
篇幅	piānfú	7—2
飘扬	piāoyáng	12—1
平凡	píngfán	7—1
平和	pínghé	7—1
平均	píngjūn	7—2
破例	pòlì	7—1
破裂	pòliè	9—1
破涕为笑	pòtìwéixiào	5—2
扑克	pūkè	5—1
普遍	pǔbiàn	10—1

Q

期待	qīdài	1—1
期盼	qīpàn	10—1
奇妙	qímiào	12—2
奇遇	qíyù	7—1

祈求	qíqiú	12—2
启事	qǐshì	8—1
气喘吁吁	qìchuǎnxūxū	5—2
气急败坏	qìjíbàihuài	1—2
前夕	qiánxī	10—1
撬	qiào	3—2
窃	qiè	9—1
窃窃	qièqiè	4—2
惬意	qièyì	6—1
亲戚	qīnqi	10—1
清洁工	qīngjiégōng	2—2
清晰	qīngxī	12—2
情不自禁	qíngbúzìjīn	5—2
情节	qíngjié	5—2
情趣	qíngqù	7—1
情形	qíngxíng	4—1
圈	quān	12—2
缺乏	quēfá	6—2

R

燃放	ránfàng	10—2
绕	rào	9—1
惹事	rěshì	7—1
热带	rèdài	11—1
人类	rénlèi	7—2
人力资源	rénlì zīyuán	8—2
人流	rénliú	8—1
认领	rènlǐng	8—1
任教	rènjiào	7—2
任务	rènwù	1—1
容纳	róngnà	12—1
如此	rúcǐ	6—2
如何	rúhé	1—1
软件	ruǎnjiàn	8—2

润滑剂	rùnhuájì	11—1
润嗓子	rùn sǎngzi	5—2
若干	ruògān	8—1

S

沙漠	shāmò	6—1
傻	shǎ	1—2
山野	shānyě	4—2
扇	shàn	2—1
伤害	shānghài	2—1
伤口	shāngkǒu	2—1
伤痛	shāngtòng	2—1
赏识	shǎngshí	6—1
上述	shàngshù	7—2
稍微	shāowēi	11—1
身影	shēnyǐng	5—1
深厚	shēnhòu	7—1
神秘	shénmì	12—2
神庙	shénmiào	12—2
甚至	shènzhì	7—1
生理学	shēnglǐxué	11—1
生物钟	shēngwùzhōng	11—1
生意	shēngyi	4—1
失望	shīwàng	3—1
失主	shīzhǔ	8—1
时辰	shíchen	12—2
时尚	shíshàng	3—2
实现	shíxiàn	7—2
拾	shí	8—1
食道癌	shídào'ái	11—2
视野	shìyě	4—2
适应	shìyìng	5—2
收集	shōují	10—1
收入	shōurù	4—1

手提包	shǒutíbāo	8—1		提醒	tíxǐng	8—1
手足	shǒuzú	10—1		题写	tíxiě	12—1
守岁	shǒu suì	10—2		天伦之乐	tiānlúnzhīlè	10—1
书籍	shūjí	7—2		天真无邪	tiānzhēnwúxié	7—1
舒畅	shūchàng	6—2		添油加醋	tiānyóujiācù	5—2
蔬菜	shūcài	10—1		眺望	tiàowàng	12—1
熟练	shúliàn	8—2		挺拔	tǐngbá	3—1
熟悉	shúxī	3—1		通信	tōngxìn	10—2
暑假	shǔjiǎ	1—1		同情	tóngqíng	1—1
树墩子	shùdūnzi	3—2		同样	tóngyàng	4—1
恕	shù	8—2		捅	tǒng	2—1
数据	shùjù	10—2		痛苦不堪	tòngkǔbùkān	6—1
数量	shùliàng	2—1		痛骂	tòngmà	2—2
数目	shùmù	7—2		偷懒	tōulǎn	11—2
水晶棺	shuǐjīngguān	12—1		头晕	tóuyūn	11—1
水泥	shuǐní	3—2		突出	tūchū	10—2
思维	sīwéi	4—1		兔崽子	tùzǎizi	3—2
思想	sīxiǎng	7—2		推荐	tuījiàn	4—2
似乎	sìhū	7—1		退休	tuìxiū	3—1
诉说	sùshuō	5—1		吞食	tūnshí	9—1
速	sù	8—1		妥善	tuǒshàn	8—1
塑造	sùzào	7—1				
随	suí	5—2		**W**		
随处可见	suíchùkějiàn	8—1				
				完整	wánzhěng	2—1
T				挽留	wǎnliú	5—1
				微波炉	wēibōlú	9—1
踏实	tāshi	10—2		微笑	wēixiào	1—1
抬头	táitóu	3—1		围墙	wéiqiáng	12—2
太空	tàikōng	11—1		唯一	wéiyī	8—1
谈恋爱	tán liàn'ài	3—2		尾	wěi	1—1
掏	tāo	1—2		委屈	wěiqū	5—1
桃李	táolǐ	6—2		位于	wèiyú	12—1
淘金	táojīn	6—1		文物	wénwù	9—1
提示	tíshì	9—1		紊乱	wěnluàn	11—2

稳	wěn	5—1
问卷	wènjuàn	10—1
问世	wènshì	7—1
无故	wúgù	2—2
无可奈何	wúkěnàihé	1—1
无奈	wúnài	10—1
无人问津	wúrénwènjīn	4—2
无效	wúxiào	9—1
五谷丰登	wǔgǔfēngdēng	12—2
五花八门	wǔhuābāmén	8—1
捂	wǔ	5—2
物品	wùpǐn	1—2
物质	wùzhì	6—2

X

洗漱	xǐshù	2—2
戏水	xì shuǐ	9—2
细胞	xìbāo	11—2
细节	xìjié	5—2
下流	xiàliú	3—2
显示	xiǎnshì	10—1
享受	xiǎngshòu	5—2
象棋	xiàngqí	5—1
象征	xiàngzhēng	12—1
消化	xiāohuà	11—1
消遣	xiāoqiǎn	10—2
小卖铺	xiǎomàipù	5—1
效果	xiàoguǒ	12—2
效应	xiàoyìng	4—1
写照	xiězhào	7—1
心动	xīn dòng	4—2
心急如焚	xīnjírúfén	8—1
心态	xīntài	6—2
新闻界	xīnwénjiè	8—2

薪金	xīnjīn	8—2
信息	xìnxī	4—1
信用卡	xìnyòngkǎ	8—1
兴奋	xīngfèn	1—1
行驶	xíngshǐ	4—2
型	xíng	10—2
醒	xǐng	1—2
雄伟壮丽	xióngwěizhuànglì	12—1
休闲	xiūxián	10—2
修理	xiūlǐ	2—2
叙	xù	10—1
悬赏	xuánshǎng	8—1
学徒	xuétú	6—1
血压	xuèyā	5—1
寻	xún	8—1
迅速	xùnsù	2—2

Y

眼花	yǎnhuā	11—1
演讲	yǎnjiǎng	5—2
阳台	yángtái	1—2
养家	yǎngjiā	3—1
样本	yàngběn	10—2
要求	yāoqiú	4—1
摇头	yáotóu	3—1
野菜	yěcài	3—2
液体	yètǐ	9—1
一旦	yídàn	7—2
一刹那	yíchànà	5—1
一连串	yìliánchuàn	2—2
一同	yìtóng	9—1
医疗	yīliáo	11—2
依次	yīcì	10—2
依偎	yīwēi	5—1

宜	yí	9—1	圆满	yuánmǎn	7—1
遗产	yíchǎn	12—2	岳父母	yuèfùmǔ	10—1
遗传	yíchuán	11—2	阅览室	yuèlǎnshì	8—1
遗失	yíshī	8—1			
遗体	yítǐ	12—1	**Z**		
以防	yǐfáng	9—1			
以免	yǐmiǎn	9—1	杂物	záwù	9—1
意识（名）	yìshí	11—2	栽	zāi	3—2
意识（动）	yìshí	3—1	在于	zàiyú	4—1
意味着	yìwèizhe	7—2	暂时	zànshí	9—1
意想不到	yìxiǎngbúdào	2—1	造成	zàochéng	2—1
因人而异	yīnrén'éryì	6—2	噪音	zàoyīn	4—2
因素	yīnsù	11—2	则	zé	5—1
阴凉	yīnliáng	9—1	责	zé	9—2
引发	yǐnfā	11—2	责怪	zéguài	5—2
引用	yǐnyòng	6—2	沾	zhān	5—1
隐藏	yǐncáng	4—2	瞻仰	zhānyǎng	12—1
隐隐约约	yǐnyǐnyuēyuē	1—2	展开	zhǎnkāi	7—1
印证	yìnzhèng	10—1	占	zhàn	4—1
应届	yīngjiè	8—2	战争	zhànzhēng	6—2
迎	yíng	4—1	招领	zhāolǐng	8—1
拥有	yōngyǒu	6—1	朝气蓬勃	zhāoqìpéngbó	3—1
永垂不朽	yǒngchuíbùxiǔ	12—1	珍惜	zhēnxī	6—1
勇气	yǒngqì	1—2	真诚	zhēnchéng	7—1
优先	yōuxiān	8—2	振	zhèn	4—2
忧愁	yōuchóu	1—2	争	zhēng	10—2
悠闲	yōuxián	5—1	争取	zhēngqǔ	4—1
由衷	yóuzhōng	7—1	睁眼	zhēng yǎn	6—2
邮编	yóubiān	8—2	整理	zhěnglǐ	5—2
有意	yǒuyì	8—2	正直	zhèngzhí	7—1
余地	yúdì	4—1	证实	zhèngshí	11—2
娱乐	yúlè	10—1	证书	zhèngshū	8—2
预防	yùfáng	11—2	郑重	zhèngzhòng	5—2
渊博	yuānbó	7—2	挣钱	zhèngqián	3—1
原本	yuánběn	6—2	症状	zhèngzhuàng	11—1

支付	zhīfù	4—2	住宅	zhùzhái	3—2
知情	zhīqíng	8—1	注明	zhùmíng	8—2
知足	zhīzú	6—1	贮藏	zhùcáng	9—1
直接	zhíjiē	9—1	柱	zhù	12—2
直射	zhíshè	9—1	柱子	zhùzi	3—2
职位	zhíwèi	2—2	专题	zhuāntí	5—2
植树	zhíshù	3—2	转身	zhuǎnshēn	3—1
纸屑	zhǐxiè	6—1	赚钱	zhuàn qián	10—1
指责	zhǐzé	2—2	状态	zhuàngtài	1—2
置	zhì	9—1	资格	zīgé	8—2
中轴线	zhōngzhóuxiàn	12—2	自豪	zìháo	3—1
忠告	zhōnggào	5—2	自觉	zìjué	9—1
忠实	zhōngshí	5—2	自寻其乐	zìxúnqílè	7—1
重点	zhòngdiǎn	10—2	综合性	zōnghéxìng	12—1
重谢	zhòng xiè	8—1	总署	zǒngshǔ	11—1
粥	zhōu	4—1	走廊	zǒuláng	2—2
骤	zhòu	11—2	租金	zūjīn	4—2
逐渐	zhújiàn	11—1	租期	zūqī	4—2
主动	zhǔdòng	10—2	左右	zuǒyòu	4—1

附：《初级阅读与写作教程》整体框架表

I册

课目与课名	阅读文章名	内容提示	阅读技巧	写作要求
第一课 留言	阅读一、该起床了 阅读二、出门留言	幽默小故事	字形分析（一）	便条（一）——简单留言条
第二课 伐木工人与木匠	阅读一、伐木工人 阅读二、表	生活启示	字形分析（二）	文章最基本的格式
第三课 标点的妙用	阅读一、你赢她输 阅读二、下雨天	智慧人物故事	词的划分	正确使用标点符号
第四课 三个人	阅读一、三个建筑工人 阅读二、一只蜘蛛与三个人	心态与人生	了解构词的基本方法	记叙文（一）——简单的三段式叙述
第五课 教训	阅读一、鞋 阅读二、麻雀	人生中的教训	词组与短语类型	文章的修改符号
第六课 见字如面	阅读一、父亲的信 阅读二、一封家书	家书与亲情	意群划分（一）	了解书信格式
综合练习（一）				
第七课 至爱	阅读一、没有上锁的门 阅读二、父母心	亲情故事	意群划分（二）	记叙文（二）——场景描写
第八课 成语故事	阅读一、此地无银三百两 阅读二、塞翁失马	成语故事	寻找句子中的主要成分——主谓宾	记叙文（三）——按照时间顺序进行叙述
第九课 请勿入内	阅读一、请勿、禁止、严禁 阅读二、食用说明	标牌与商品说明提示	掌握常见标牌固定用语	简单标牌书写
第十课 是真是假	阅读一、让人哭笑不得的请假理由 阅读二、关于请假	有关请假的故事和思考	简化句子	便条（二）——请假条
第十一课 眼见为实	阅读一、姆佩姆巴效应 阅读二、提示	经验与实践	寻找关键词	文章开头的艺术
第十二课 细节与成功	阅读一、成功从脱鞋开始 阅读二、招聘	关于成功的思考	叙述与议论的关系	简单议论
综合练习（二）				

Ⅱ册

课目与课名	阅读文章名	内容提示	阅读技巧	写作要求
第一课 生活经历	阅读一 火车票(上) 阅读二 火车票(下)	一段难忘的经历	依照时间线索进行阅读,掌握叙述类文章中的关联词语	(1)记叙文的六要素:时间,地点,人物,起因,经过,结果;(2)心理活动描写
第二课 情绪管理	阅读一 钉子 阅读二 连锁反应	情绪与生活	依照事件发展线索阅读	段落之间的连接
第三课 城市病	阅读一 没空相处 阅读二 城市里的颠倒事	现代生活的困惑	根据上下文推测词意	扩写与缩写
第四课 小故事,大道理	阅读一 两家小店 阅读二 火车拐弯处	启发性故事	缩略阅读法	叙议结合
第五课 至爱亲情	阅读一 父爱无边 阅读二 听父亲讲故事	亲情故事	依照情感表达线索阅读,体会抒情与叙述的关系	人物行动描写与性格描写
第六课 幸福专题	阅读一 简单的道理 阅读二 幸福是什么	幸福的感觉	寻找关键词句	(1)小随笔;(2)排比句的使用
综合练习(一)				
第七课 读书时间	阅读一 《父与子》 阅读二 每天读十五分钟	书写生活	书面语口语表达的不同	(1)介绍一本书;(2)用举例的方法进行说明
第八课 启事	阅读一 寻物启事与招领启事 阅读二 招聘启事	寻物启事,招领启事与招聘启事	抓住主要信息	启事的写法
第九课 提示与告示	阅读一 提示 阅读二 告示	生活中常见提示及告示	熟悉正规场合表达用语	正规场合书面语的运用
第十课 小调查	阅读一 调查:除夕夜如何过(上) 阅读二 调查:除夕夜如何过(下)	节日话题	注意具体数据与调查结果的关系	小调查,利用具体数据或实行介绍与说明
第十一课 健康话题	阅读一 午睡,健康的加油站 阅读二 五大"生活方式病"	健康知识	注意小标题	利用研究成果或实行说明
第十二课 城市景观	阅读一 天安门广场 阅读二 天坛	著名景观介绍	依照空间与方位线索阅读	按空间方位顺序进行说明"总—分—总"的写作方法
综合练习(二)				